わたしが幸せになるまで

吉川ひなの

豊かな人生の見つけ方

幻冬舎

はじめに

この本を手に取ってくださり、ありがとうございます。
わたしにとってこの本は、今まで出版させてもらったどの本よりも特別なものになりました。
小さなことから言うと、この文字数を一人で書き上げたという達成感。
そして、こんなに正直になれたという解放感にも似た自己肯定感。

今までわたしは自分にとって後々不都合になるようなことや、あらゆるクライアントさんにとってマイナスになるようなことは一切言わず、波風を立てないように生きていくことを叩き込まれてきました。

職業柄それは自分を守る一番の方法であったし、なるべく傷付けられないように生きていく手段でもありました。

波風は立てないけど仕事ではそれなりの個性やインパクトを残さなくちゃならない。

自分の感覚でそのバランスを保ちながら、大事なこだわりの部分も、一線を越えてしまうと感じたときには言わないで諦める癖がついていました。
それに、わたしのことを〃キラキラハッピーな人〃に見えている方がいるならそれを壊したくないし、そう思ってもらってるほうがお互いにとって都合がいいんだと信じてた。でもいつの間にかあるがままのわたしでいいんだと思えるようになり、一番大事なことは人にどう見られるかではなく、そのままのわたしはどういう人間なのか、というものに変わり、わたしはこの本を書きました。

読み進めていくうちに、今までのわたしのイメージと違ったり、結構クドイな、と感じさせてしまうことがあるかもしれません（笑）。でも、本当のわたしや、わたしが今思っていることを知ってくれてありがとう。

これからはありのままに、責任を持って自由に生きていきたいです。

そして、読んでくださる皆さまにとって少しでもインスピレーションを与えられたり、楽しんでいただけたりしたなら、これほど嬉しいことはありません。
諦めずに、自分を受け入れることで、こんなにも人生が変わるんだということを知ることができてよかった。

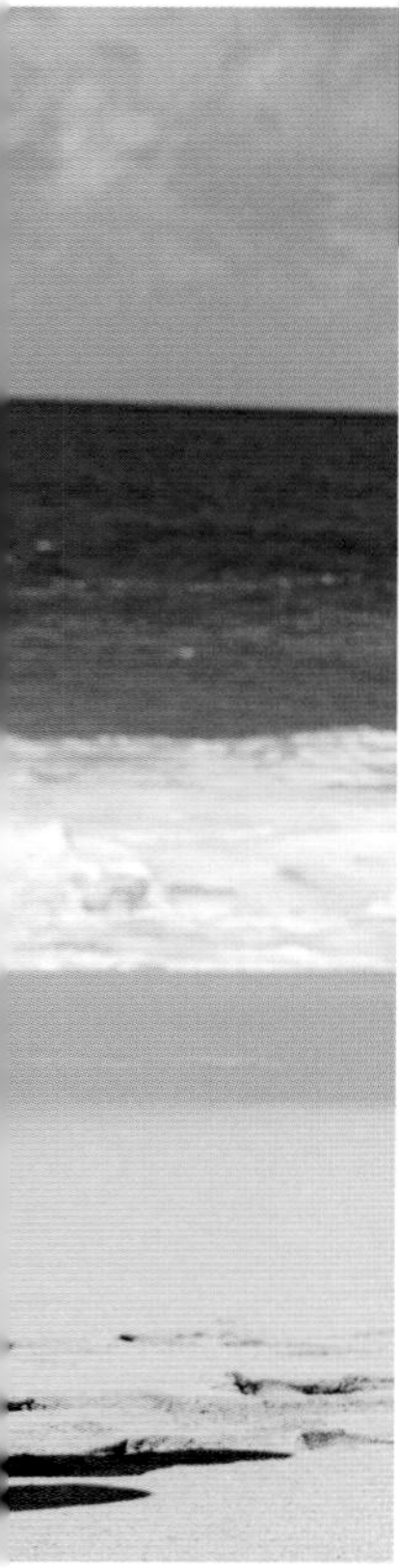

人生の豊かさについて

わたしは今、人生史上一番幸せだと思う。

ふとしたときに、あぁ、幸せ♡ と思ったりする。

それは、ただ道端を歩いてるときだったり、車を運転しているときだったり、スーパーで買い物をしているときだったり、あるときからいつもと変わらない何気ない日々の中で幸せを感じるようになり、その幸福感はずっと大きくなり続けてる。

10代、20代のころは何気ない日常の中で幸せを噛みしめるなんて、そんなことは一度もなかった。10代前半で芸能界デビューを果たし、わたしは瞬く間に売れていった。
映画のデビュー作で日本アカデミー賞新人俳優賞を受賞し、数々の雑誌の表紙を飾り、ある年の年間ＣＭ契約数は第１位で、周りの大人たちはみんなわたしに敬語で話しかけた。

スタジオに到着するとメイクルームはわたしの居心地がいいように抜かりなく準備され、今をときめくスタイリストが用意した素敵な服がずらりと並び、海外帰りの売れっ子ヘアメイクがわたしの注文通りにわたしをかわいくした。

ひとこと寒いと言えば周りの大人がどんなに暑くてもわたしの快適な温度になるようにクーラーを止め、用意されたお弁当をあまり食べなければすぐさま別の食事が用意され、誤ってものを落とせば争奪戦のようにその場にいる全員がそれを拾うために立ち上がった。

自分で拾おうとしようものなら全員から「いいよいいよ、大丈夫だよ、すぐ拾うから姫は気にせず座ってて！」と言われるので、わたしはあるときからものを落としても自分で拾おうとするのをやめた。大人たちはいつもわたしのご機嫌を取りたいのだったら、それをさせてあげたほうが親切だと思ったからだ。

そんなふうに毎日どこの現場に行っても周りがわたしの機嫌を損ねないよう細心の注

意を払いながら動き回り、過剰なまでの姫扱いをされた。

ファッション誌にファッションショー、ラジオにバラエティにドラマに映画になにからなにまで引っ張りだこ。歌手デビューまでして日本中からもてはやされ、芸能界に憧れる女の子が欲しがるものをわたしは全て手に入れた。


でもわたしは幸せじゃなかった。

全然、幸せじゃなかった。

数々の大きな賞をもらっても他人事のようにしか思えず、なんにも嬉しくなかった。

わたしが生きてたその日々はわたしの人生のはずなのに、わたしには仕事をチョイスする権利もなければ、寝る暇もなく働いてるこの仕事でいくらもらっているかすら知らなかったし、自分がやりたいことをする時間なんてまったくなかった。

誰かが勝手に決めたことの責任を負う理不尽さは、だんだんわたしの心を壊していった。


そんな日々が続いて、わたしはとうとう仕事に行かなくなった。

芸能人なら誰もがやりたいであろう大手企業のＣＭ撮影も、夢のようなはずの表紙撮影も、全てやめた。

ただやめたといってもそんなに簡単なわけはない。代用のきかない仕事なだけにそれまではどれだけ熱があろうと必ず時間前に現場入りし仕事をこなしてきたわたしには、この決断がどれだけ迷惑のかかることなのか、簡単に想像がついた。

それでもわたしはもう、自分で稼いだお金なのに金額も知らされず管理されて親に勝手に使われたりすることも、自分の体なのにネイルひとつやりたいようにできないことも、本当は泣きたいのにカメラの前で元気いっぱいにおちゃらけることもできなくなってしまっていた。

仕事に行かなかったことで凄まじい額の違約金が発生したり、周りの大人たちに多大なる迷惑をかけたりしたことを思い出すと、今でも胸が苦しくなる。

そんなふうに自分の輝かしい地位を自ら捨てたあとのわたしもまた、全然幸せじゃなかった。それまで売れっ子として生きてきたのにいきなりの転落ぶりに周りの目が怖かったし、トップとして仕事をしていない自分の価値はどこにあるのか、そんな自分を誰にも見られたくなくて生きているのが恥ずかしかった。

それまでわたしは両親に、「わたしは芸能活動をそんなに長くはできないと思う。だからお願いだから貯金だけはしておいてほしい」と何度も頼んでいた。

そして、もうどうしても仕事に行けなくなってしまったタイミングで親のところへ行き、わたしはもう現場に行けない。でも生きていかなくちゃならない。芸能界以外でできる仕事を探すからそれまでの生活費に今までわたしが働いて稼いだ貯金を分けてほしいとお願いしに行った。

両親はわたしの稼いだお金で借りていた豪邸の玄関で顔を青ざめさせ、よくわからない言い訳を繰り返し、数時間後にやっと持ってきた通帳には豪邸の家賃の１ヶ月分にも満たない額しか残っていなかった。

それまでに親にされてきたことや彼らの性格から、あまり貯金をしてくれていないことはなんとなく予想していたけれど、まさか月々入ってきてるはずの収入をここまで使っていたとは思っていなかったから、わたしは愕然とした。

そのタイミングからわたしの働いたお金は親ではなくわたしの口座に振り込んでもらうことになった。

自分のやりたいことを我慢して大人に言われることをこなし続けたことで手に入れた『わたしは売れっ子なんだ』という自信なんて簡単に崩れ落ちてすっかりなくなっていた。

どん底まで落ちていったわたしを、周りの大人たちは更生させようと色々言ってくれたけど、誰にも会いたくなくて仕事なんてしなければしないほどいいいやと、『できる限り働かない』をモットーに過ごすことに決めた。

今までとガラリと変わった毎日をどう過ごせばいいのかわからなくて、わたしは毎日途方に暮れていた。

そのころは興味があるものも全然なくて、毎晩飲んだくれたり子どものころから大好きだった海でひたすら過ごしたりと、自分と向き合わずいつも逃げていた。

自分たちの生活資金を100%わたしの稼ぎで賄っていた両親は、わたしが働かなくなって最低限のお給料しかもらわなくなってからも、いつもわたしのところへきては自分たちが使うお金を用意するように言った。両親の生活費をわたしが用意できなかったら自分たちは生きていけないから、そうしたら吉川ひなのの両親が……、とニュースになり大変な思いをさせてしまう。それだけは避けたいと尚もわたしを追い詰めた。

一人暮らしをするわたしの家の前にはいつも、母親からわたしにお金を用意させるようにと命令された父親が待ち伏せしていた。

あるとき朝帰りしたわたしは、郵便物でぱんぱんのポストを久しぶりに開け、家に帰って眠っていないぼーっとした頭でひとつひとつ開封しているとそこに成人式を知らせるハガキをみつけた。日時を見るとわたしの成人式はちょうどその日の数時間後で、今日わたしは着物を着て成人のお祝いをしてもらう日だったのか、と少し泣いた。でも小さいころから家族に誕生日すら祝ってもらったことなんて一度もなかったし、こんな成人式の日はなんだか自分らしくすら感じて、気持ちを切り替えて寝てしまおう！　と思ったとき、家のチャイムが鳴った。

嫌な予感は的中で、インターホンのカメラ越しに映っていたのは父親だった。

わたしは鍵を開け父親を家の中に入れた。

父親はいつものように「お金のことなんだけど……」と言った。わたしは父親に成人式のハガキを見せ、「今日わたし、成人式だったみたい」と言ってみたけど父親は興味なさそうに、「ほんとぉ……」とだけ言って、いつもの困り顔で、「お金をさぁ……」と言った。

わたしが、「こないだ渡したお金で全部だよ。もう次のお給料が入るまで、お金ないよ」と言うと、「困っちゃったなぁ……」と、全面的にわたしに自分の人生を押し付けてそこから動こうとしない。わたしは本当にお金がないんだということをわかってもらうために、「この間からそこのマイメロディの貯金箱で５００円貯金を始めたの。今はもうそのお金しか、本当にないよ」と言うと父親は「そうか……。じゃあ、それ、いい？」とその貯金箱を持っていこうとして、わたしはさすがに感情的になりわんわん泣いたけど、父親はなにも言わずにわたしの貯金箱を持って去って行った。

小さいころからわたしの両親はそんな感じで、支払いができなくてしょっちゅう電話が止まっていたり、学校に行く前に借金取りがきて、お母さんは今いないと言いなさいと納戸に隠れる母親に言われ、スーツを着た大人に玄関先でお母さんがいるのはわかってる。お嬢ちゃんが呼んでくれるまでおじさんたちは帰れないと言われ学校に行けなくなったりした。それ以外にもたくさん親の言いなりになってきて、親になにをされても我慢して言うことを聞くのが当たり前だと思って生きてきたけど、その都度わたしは深い傷を負っていた。

こんなのおかしいと言おうものなら、母親は鬼のような顔をして、「なんにもおかしくない！　うちより変な家なんてたくさんあって、うちはすごくまともだ！」とわたしを黙らせ、他人にうちのことは絶対に話しちゃいけないと言われてきたから、わたしは子どもながらにいつも自分で想像した『普通の家』のふりをして生きていた。支払いできず家の電話や電気が止まっていたり、給食費を払ってもらえたりしていなくても。

でも母親は悪い人間ではなかったと思うし、きっと彼女が育った環境にも大きな問題があったり、子ども時代に負った深い傷を癒せないまま自分の問題に気づけず毎日が過ぎてしまっていて、悪気もなくただ目の前の日々を母親なりに一生懸命生きていたんだと思う。

とにかくわたしの人生はずっと、がんじがらめだった。

多くの問題を抱えたままそれを誰にも言えずお酒に逃げ、最低限の仕事だけしながら毎日呑《の》んだくれて過ごし、だけど一度は成功を手にした経験から、このままじゃだめだ、わたしは絶対にその気になればまたいつだって復活できるんだとどこかでぼんやり思いながら時は過ぎ、20代半ばになったころ、わたしと夫は出会った。

彼と出会ったころのわたしはとても神経質で、自分とまったく向き合えていないから本質的なことがなにもわからず、『普通じゃない』恥ずかしさをいつもなにかのせいにしていた。ささいなことで怒り、泣き叫び、自分を受け入れられない分他人のことも受け入れられなかった。わたしの周りにいてくれた数少ない友達はきっといつも気を使って、わたしの調子が悪いときは腫《は》れ物に触るように関わってくれていたのではないかと思う。

でも彼だけはいつも真っ直ぐわたしに意見を言ってきて、わたしはそうされてるうちに、普通にできないと決めつけていたのは自分で、もしかしたらわたしは自分で思っているより普通なのかもしれない、彼がわたしのことを『普通にできない人』として扱ったことは一度もないのだから！　と自信がつき、わたしは彼に褒めてもらいたくて最低限しかせず逃げ続けていた仕事をもっとしてみようと思うようになった。

　わたしが仕事をしたくなったタイミングはきっととてもよかったのだろう。昔のようにとまではいかなくても、次から次へと毎日が撮影で埋まっていった。本屋さんにはまたわたしの表紙がいくつも並び、それなりの収入も得て、両親に背負わされた理不尽な借金もようやく返し終わっていた。

　呑んだくれ時代わたしは、流行なんてどうでもいい。着飾るなんてばかみたい、とぼろぼろの服ばかり着て人生を前向きに捉えることを放棄していたけれど、わたしはみんなみたいに普通にできるんだ!!　と浮き足立ってからは世の中に名の知れたそうそうたる成功者たちが暮らす超高級マンションの一室に自宅を構え、その中の一部屋を巨大なクローゼットへと改築し、数々の展示会に顔を出しては服を買い漁りその部屋をいつも『今季の服』でいっぱいにして、ブランドもののバッグや靴を並べた。

　それでもまだわたしは、幸せじゃなかった。

　都会で常に雑音と凄まじい量の情報につきまとわれながら、おしゃれなレストランでキラキラ女子たちと新作のブランドバッグをそれとなく披露し合い、胃もたれ決定のおしゃれ過ぎる料理を味わいもせず流し込みながら人の噂話を聞き、下手なことを言ってしまえば噂のネタにされるのは次は我が身と、誰も本音を言わずその場をやり過ごす女子会に参加した。成功の証に並べていた今季の服や流行の品が一瞬で古くなっていくことに焦り、常に次なる成功の証探しにお金と労力をつぎ込んでいた日々。

ずっとできなくて劣等感を感じてきた『周りのキラキラ女子みたいに普通にする』ことの実態は、果たしてこれだったのだろうか？

わたしはなんとなく違和感を抱きながらも今の生活に心底満足できないのは、まだなにかが足りないからなんだ、もっと頑張らなくちゃならないんだと思っていた。もっとたくさんの靴を並べなきゃ。もっと大きなダイヤモンドも欲しいし、バーキンを色とりどり並べたい。根元に黒い髪の毛が生えてるなんて許せないから美容院に定期的に通って、まつエクも常に綺麗にしてなくちゃいけない。

そのころのわたしは、広い家に住みたくさんのモノを所有することや高級車に乗ること、休みの日は都会のおしゃれなお店にショッピングに行くことが幸せの象徴だと信じていた。

それまで幸せを噛み締めたり心から満たされた日々を送ったりしたことがなかったか

ら、自分にとっての『本当の幸せ』がなんなのか、知らなかった。

お互いに忙しくしていた彼とわたしはいつからか一緒に暮らすようになり、結婚を約束していたけど、未だに消えない違和感や、自分とちゃんと向き合えていないことをどこかで感じていたから、入籍しようとふたりで決めた日までの1年間、わたしは一人で留学をすることにした。

わたしのことを誰も知らない国で、一人の人間として、自分のことは自分で全部決めて誰にも頼らず生活をする。そんなふうにしたことがなかったから、それをすればなにかが変われる期待でいっぱいだった。


1年間の間に何ヶ国か移動しようと決め、最初に暮らす場所をハワイに決めた。

一人で海外に行くこと自体初めてだったから、自然が豊かで海や空がわたしを笑顔にさせてくれる何度も訪れたことのあるハワイなら、きっと大丈夫だと思えた。ハワイで住む場所や英会話の先生を決め出発が迫ったころ、妊娠が判明した。

入籍を決めていた日の14ヶ月前。

わたしは全ての予定をキャンセルして東京に留まったけれど、休みを取っていた期間は留学という形じゃなくてもハワイに行こうと決めて、新しく手続きを始めた。

東京にいたときはマスコミにお腹を拡大して写され、ふっくらしてきたとか性別はどっちだとか言われて、健診に行くのもマネージャーが病院と入念に連絡を取り合い、地下の駐車場からスタッフ用のエレベーターに乗せてもらい裏口を通って診察室へ入った。

そのころのわたしのファッションは小花柄を好むふわふわガーリーな女の子というイメージだったから、「ママになっても変わらない」とか、「産後すぐだと思えない体形」と言われることが最も自分の価値を守れることだと思い、変わっていく体やマインドを人に知られたくなかった。

心の中は母親になる喜びで溢れているのに、どこかに罪悪感に似た寂しさがつきまとっている。小さいときからずっと感じていた自分の中にぽっかりあいたままの穴を、このときわたしはようやく直視することができた。

全ての準備が整い妊娠期間の途中からハワイへ行き、わたしはそれまでに経験したことのない日々を過ごした。

東京にいたときは芸能界でちゃんと仕事をしていないと、また価値のない自分に戻ってしまうという恐怖があった。だから人に『わたしの価値』を感じてもらえるように一生懸命だったけど、ハワイにいると表紙を飾る自分もブランドもののバッグもなんにもいらない。

人からの評価が自分の価値ではないということに、わたしはようやく気づくことができた。

朝起きて深呼吸しながら空や海を眺めて、気持ちのいい風に身を委ねながら綺麗なお花をみつけてはときめいて、朝になるのを待ち遠しく思いながら眠りにつく日々。

ここには、興味がないのに熱心に聞かなくちゃいけない誰かの噂話もなければ、心の中で人と比べ合う物質的な競争も、不必要なものを消費して一瞬満たされるだけの暇つぶしもない。

すれ違った人がわたしのことを誰であるかなんて知らなくても、そこに居合わせた人間同士笑顔を交わす気持ち良さ。

わたしはハワイで今まで知らなかった生き方に出会い、このまま東京を離れて移住してみようと心に決めた。

一生暮らしていけるお金があるわけでもないのにそんなことは上手くいくはずがないと誰もが言ったけど、わたしはもう誰かの無責任な言葉に自分の人生を決められるのはこりごりだったから、誰になんて言われても自分のことは自分で決めていくし、どんなことが起こっても全責任を負う覚悟を決めた。

人生を自由に生きることを自分自身に許したとき、わたしは心から幸せを感じるようになった。

彼と何度も話し合い、協力し合いながら手に入れた新しい生活。

ハワイで家族と暮らすことは、なにも持っていなくても自分が自分であるだけで全ては揃っていたんだということに気づかせてくれた。それまでいつも感じていた「この生活を保っていられなくなったらどうしよう」と焦る恐怖からの原動力はすっかり消え、全ての原動力の根底に愛を持てるようになった。

　子どもたちが寝たあとたまに、彼と過去の自分たちを振り返りながら語り合う。

東京であんなふうに生きてきたわたしたちが、まさか山奥に住んで究極の幸せを感じてるなんてね、と。

　一緒に旅を続けてきたわたしたちには、多くの言葉を語らなくてもわかち合える共通の価値観がいつの間にかできあがっていた。


過去に並べて眺めた、たくさんのブランドもののバッグや靴も今は必要最低限しか持っていないし、今季の流行も全然わからない。

だけど、自分が本当にいいと思うプロダクトをこの世に生み出すビジネスをしたり、食卓に並べるハーブや野菜を子どもたちと育てたり、庭で鶏が産んでくれたたまごを命のありがたさを噛み締めながら食べたりしていて、東京にいたころに比べると地味で刺激もない生活をしているけれど、わたしは毎日幸せを噛み締めずにはいられない。

誰かにとってはなんの価値もないような小さなことでも、わたしにとって価値のあるものなら胸を張って大切にすること。

それができたときわたしの人生はとても豊かなものになり、子どものころから抱えていた自分の中にぽっかりあいた穴はなくなっていた。

たった一度きりの人生だから、これからもずっと自分以外の誰かの価値基準に振り回されず、自由に、幸せに、責任を持ってわたしらしい豊かな人生を送っていきたいと思ってる。

目次

第3章

第4章

写真　ホシナ　タカスケ
デザイン　三上祥子（Vaa）
DTP　美創

第１章

ポジティブに生きるための心と体の整え方

月のめぐり

ヨガのティーチャーズトレーニングで電線も水道管も通っていないオフグリッドのジャングルに籠っていたときのこと。

わたしが約１ヶ月寝泊まりしていたのは、昔は王族しか入ることが許されていなかった神聖な森の中で、唯一通れる一本道は舗装もされてなくガタガタ。ポストを見つけてようやくここには家があるんだとわかるような場所で、入り口から中にしばらく進んでいくと森の中にぽつんと建つ一軒の家があり、わたしの部屋はその母屋からさらに森の奥に進んだ場所にある小さなロッジだった。

庭にはワイルドピッグの親子がしょっちゅう遊びにくるような、お隣の家もまったく見えない静まり返ったジャングルの奥地で、ここに人が住むなんて信じられないような場所だ。

だけどわたしはそのとき人生で究極のナチュラリスト時代だったから、そんな信じられない暮らしに興味と憧れがあってそこに行ったのだ。

車の排気ガスや電磁波、アメリカではほとんどの家が芝生に撒いている農薬もそこにはなくて、その代わりに瑞々《みずみず》しい綺麗な空気と汚染されていない土やエネルギッシュな植物がそこにはあった。

シャワーは雨水を溜めて濾過《ろか》した水を外で浴びる。信じられないかもしれないけどトイレはどうぞご自由にそのへんで。電気もつかないので夜はキャンドルの光で静かに過ごし、飲み水は街から運んでくる大きなタンクの水をそこに居合わせた仲間たちと分け合った。

人工的な刺激物はなにもない代わりに、夜明けとともに鶏のコケコッコ〜！　という大合唱と、夜はカエルの鳴き声がやむことなく響き渡る異空間に、本来こういう場所のほうが人にとっても自然なんだと興奮していた。

そんな場所で3日間くらい過ごしたころ、わたしは耳がよく聞こえるようになっていた。

なんでだかはわからない。

でも普段よりもっとよく耳が聞こえるのだ。鼻炎持ちのわたしの頭はすっかり軽くなり、意識しなくても一回一回の呼吸が深まっている。わたしは肉体的な気持ち良さを堪能した。

そしてその生活が1週間を過ぎたころ、予定よりもずいぶん早い予想外の生理がきた。わたしはびっくりして他のみんなにそれを言ったら、なんと何人もの女子たちがわたしと同じように予定外の生理がきていたのだ。

その中のひとりが、今日は新月でこの生理は体のデトックスだと言った。


新月の日は解毒の作用が強いのはなんとなく知っていたけど、そんなふうにわかりやすく体験したのは初めてのことで、体はいつもデトックスのチャンスを見計らってくれているんだということを、そのとき体感した。


それからわたしは月のリズムを気にかけて暮らすようになった。

満月から新月に向かう時期はデトックスやダイエットに向いていて、逆に新月から満月に向かう時期は栄養を溜め込みやすい時期。痩せたいならこの時期は食べないようにしたり、溜め込む特性を活かして栄養補給期にするのもいいかもしれない。

月の満ち欠けは調べれば調べるほど奥が深く、昔は種まきや収穫の日を月の満ち欠けで決めている人たちもいたり、病気の治療にもとても深い関わりがあったりするらしく、どこの部位の治療をするならこの日が成功しやすい、逆にこの日は触らないほうがいいなど、人の体とも密接な関係があるらしい。

とくに女性は毎月生理があるから、月との関わりを感じやすいかもしれない。

このあいだは上手くいったから、同じようにやったのに今回は上手くいかなかったなんてことがたまにおこるけど、わたしはそれを、今日の月の位置がそれに向いていなかったんだなと思うようになった。

せっかく毎月新月があって条件さえ揃えば体はデトックスをしてくれようとしているならそれを利用しない手はないと、ジャングルから帰ったわたしは自分の家をオフグリッドの山の中にはできなくても、限りなく安心安全な場所にすることに決めた。

まず一番重要なことは、寝る位置。

寝ている時間は生活の中でとても長く、ベッドや布団といった小さなスペースにずっとじっとしているわけだから、ここをまずは整える。

危険な電磁波に晒されないようにするには、テレビはコンセントを入れたままだと2メートルまでは電磁波が届くので、寝る前に必ずコンセントを抜くようにしたり、マンションの場合隣の家と繋がっている壁は隣の人がその壁側にテレビやオーディオなど電子機器を置いている可能性があるので、ベッドをその壁側に置くのを避けるようにする。

道路側で排気ガスの入ってくる窓がある部屋やカーペットの部屋はどうしても空気が汚れるので空気清浄機を置いたり、加湿器をつけて埃が舞わないようにする。

できれば寝るとき携帯は寝室に持ち込まずなるべく離れた場所に置き、Wi-Fiのルーターは電源をオフにする。家具やソファの詰め物などあらゆるものから揮発する化学物質まではどうにもできないので、せめてベッドをナチュラルな素材で作られたフレームにしたり、マットレスや布団をオーガニックのものにする。

空気の次に重要な水は、できれば家中の蛇口から浄水された水が出るように大元から取り付けられる浄水器を使うのが理想だけど、難しければシャワーヘッドだけでも塩素が除去できるものに付け替える。シャワーを15分浴びると約2リットル分の気化された塩素を吸い込むことになるので、このシャワーヘッドの重要性はとても高い。塩素は経皮吸収もしやすいので、除去しておくことに越したことはない。

そうやって自分の居場所を整えておけば、体は勝手に月のリズムでデトックスをしてくれるし、さらにその時期にオーガニックのものを食べたり、お肉をやめたり、塩風呂に頭から浸かったりすればその力は強まる。

そんなふうにわたしは月と力を合わせて体を整えるようにしています。

デトックス（毒だし）について

ちょっと前から、巷《ちまた》ではデトックスという言葉をよく耳にするようになったけれど、便利な世の中になればなるほど、それと引き換えにわたしたちの体は毒におかされてしまってる。

食品を長持ちさせるために保存料が、自然界にはない味を作り出すために添加物が使われ、車や飛行機の排気ガスで空気は汚れ、新幹線や家の電化製品から発する電磁波を常に浴び、水道から出てくる水には水質を守るための塩素が添加され、休息のための家は虫に喰われないよう殺虫剤が丸ごとかけられ、ソファやクッションからは化学物質が揮発し、栄養満点のはずの野菜は農薬にまみれ、食用肉にはホルモン剤や抗生物質が残留している。

一度の食事を作るだけでもビニールやプラスチックのゴミが出て、そのゴミは取り返しのつかない勢いで地球を汚し、動物たちはそのゴミで苦しみ、わたしたちが食べる魚のお腹からはマイクロプラスチックが検出される。

わたしたちが進歩するための代償は、あまりにも大きい。


でも、どうしたらこの悪循環から抜け出せるのか。

わたしだって、日々の暮らしの中でできることは自分なりに最大限しているつもりだけれど、それでも日々の生活の中でゴミを出してしまうし、自分がいいと思うプロダクトをこの世に生み出すときは、どうしても容器が必要になってしまう。


そのプロダクト自体もゴミが増えるだけだと言われてしまえばそれまでだけど、現代社会で人々が健康で前向きに生きていくことは地球の問題に取り組むためにもとても大事なことだと思っているから、少しでも体の毒になりづらい成分で作ったプロダクトはやっぱりプラスなんじゃないかと真剣に考えてる。

行くところまで行ってしまったこの現代社会で、誰もがどこか矛盾を抱え、それでも幸せを求めて模索している。

世界中、それぞれの価値観や生活があるからお互いに自分の考えを押し付けることはできないけれど、この現状の中でもできることはきっとまだまだあると思う。

突き詰めて考えたときに、生きているだけなのにどうしても地球を汚してしまう、それならもうわたしはいないほうがいいんじゃないかなんて究極論を思ったこともあるけれど、わたしだって自然の一部で、この命を健やかに全うさせることだってきっとひとつの自然の摂理で、この世に生まれた全ての命は平等に幸せになる権利があると思えば前向きさをなくさずにいられる。

世界中、みんなの気持ちがひとつになって、今起きている問題を解決していける時代がくることを心から望んでいます。

アレルギー体質のわたしがたどり着いた『リアル健康解毒法』

多くの矛盾を抱えながらも前向きに取り組んでいこう！

ということで、ここではわたしがしている健康法の中のひとつ、デトックス法をご紹介します。

わたしたちの周りには生きているだけで取り込んでしまう体に有害な物質がたくさん！

それを取り込まず生きていくのは不可能なので、普段から体内に取り込んだ毒は出すようにしています。わたしなんてとくに子どものころからアレルギー体質だし、デトックスが本当に重要。

まずはなんでも商品の裏の成分表を見る癖をつけて、危険な成分がより少ないものを選ぶだけでも体に蓄積されていく毒は少なくなる、とできることから地道にやってみています。

そして一番簡単な解毒法は腸を綺麗にすること！

周りの友達はホースを使うコロンクレンズ（腸内洗浄）をしている人もいるけれど、わたしは腸内細菌が少ないので菌も一緒に流れてしまうであろうコロンクレンズはまだしたことがなく、その代わりにキャスターオイル（ヒマシ油）［→p.48］を定期的に飲んでいます。

キャスターオイルは戦前までは万能オイルとしてどの家庭にもあったんだそう。

今売っているキャスターオイルはスキン用に精製されたものがとても多いので、飲んでも大丈夫なナチュラルな方法で作られたオーガニックのものを探して常備するようにしています。


キャスターオイルって、今これを書いていてもオエッとなるくらい本当に苦手な味で、粘り気が強く飲み込むのも喉越しあり過ぎて毎回軽くトラウマになるのだけれど（笑）、その効果の素晴らしさに何度トラウマになろうとわたしはへこたれずまたいただくのです。

わたしが飲むときは大きなスプーンで2杯くらい。

宿便はないというドクターの見解を何度か聞いたことがあるけれど、キャスターオイルを飲むと明らかにいつもと様子の違うものが排出されるので、いわゆる「宿便」という形ではなくても、腸壁にこびりついて取れない汚れを剥がしてくれているのかな？とわたしは勝手に思っています。

小麦粉に水を混ぜると粘土のようになって、腸壁にこびりつきそうだなーなんて思ったことがあったから（これは勝手なわたしの意見で、全然信憑性《しんぴょうせい》はありません。ごめんね）。

そしてやっぱり汗をかくこともとっても大事なデトックスだと思っています。わたしは残念ながら普段全然汗をかかないタイプ。

でも体が高温の熱に悲鳴をあげてかく汗では全然解毒にならないと聞き、それからは低温でじっくり芯から体を温めて、アポクリン腺から老廃物も一緒に出るどろどろの汗をかくようにしています。

半身浴でその汗がかけたらそうするのだけど、わたしは半身浴ではお湯の温度を上げないと汗をかけないので、低温で使える家庭用のドームサウナを購入しました。

汗をたくさんかいたあとは良質の油とミネラルの補給も忘れないようにしています。

そして究極のデトックスが砂浴！

土葬すると人間も土に還ってしまうほど、土や砂に棲む微生物には分解する力があって、その解毒作用は圧巻。

暑い日にビーチに出かけ、人ひとり横たわれる形に砂を掘り、できれば真っ裸でその穴に入り全身に砂をかけるのが一番効果的です（裸で入るのが難しい場合は綿など自然素材の下着や水着で入るといいです）。

飲み物を横に用意しておいて8時間入るとその効果は絶大みたい。わたしはまだ最大で4時間しか入ったことがないけれど、それでも効果は十分に感じられました。

砂に入っているとだんだんと体中が痒くなり、虫が這っているような感覚に襲われるの。


それはグッドサインで解毒が始まった証拠だからなんとか我慢すると、次は体中の毛穴が開いてガスが出始める（それが臭い！）。砂から上がって見てみると、悪いところにはわかりやすく砂がついていないので、その部分の血流の滞りを目で見ることができます。

でもハワイでも冬場の温度では砂浴ができないくらいだからこの方法は少しハードルが高いけど、腕や足だけでも砂に埋めると、ものすごい効果があるんだそうです。

ちなみに一度埋まって人の毒素をたっぷり吸い込んでくれた砂は、海に流れるなど浄化されるまでそこには永遠になにも育たないんだそうです。

去年から新しくデトックスの一環でお灸［→p.48］とキャスターオイル湿布も始めました。

わたしは昔から下半身に水分が溜まって浮腫《むく》むので、できるときは1日1回腎臓をお灸で温めています。腰痛持ちの彼にはオーガニックのびわの生葉を患部に敷いてその上からもぐさを押し当てる手当てをしていたこともあったけれど、もちろんわたしにそんなことをしてくれる人はいないので（笑）、お灸はベルトで巻けるものを使っています。

このやり方はどうしても着ている服がくさくなってしまうので1着それ用の服を決めて、『もぐさ着』と呼んでいるその服を着て自分にお灸をしています。

よもぎは2000年以上経ってもその効果効能を超える植物は見つかっていないのだそうです。それでもお灸の効果はわたしにはすぐに感じることはできていないんだけど、長年かかって作られてきた体の症状なのでその分お灸も気長にじっくり続けてみようと思っています。

効果を感じなくてくじけそうになるときは、お灸について書いてある本を枕元において毎晩読んで、この効果を感じることができるまで続けてみよう！　と自分を励ましています。

キャスターオイル。キャスターオイルってスキン用に精製されたものがほとんどなんだけど、これはピュアなコールドプレス。

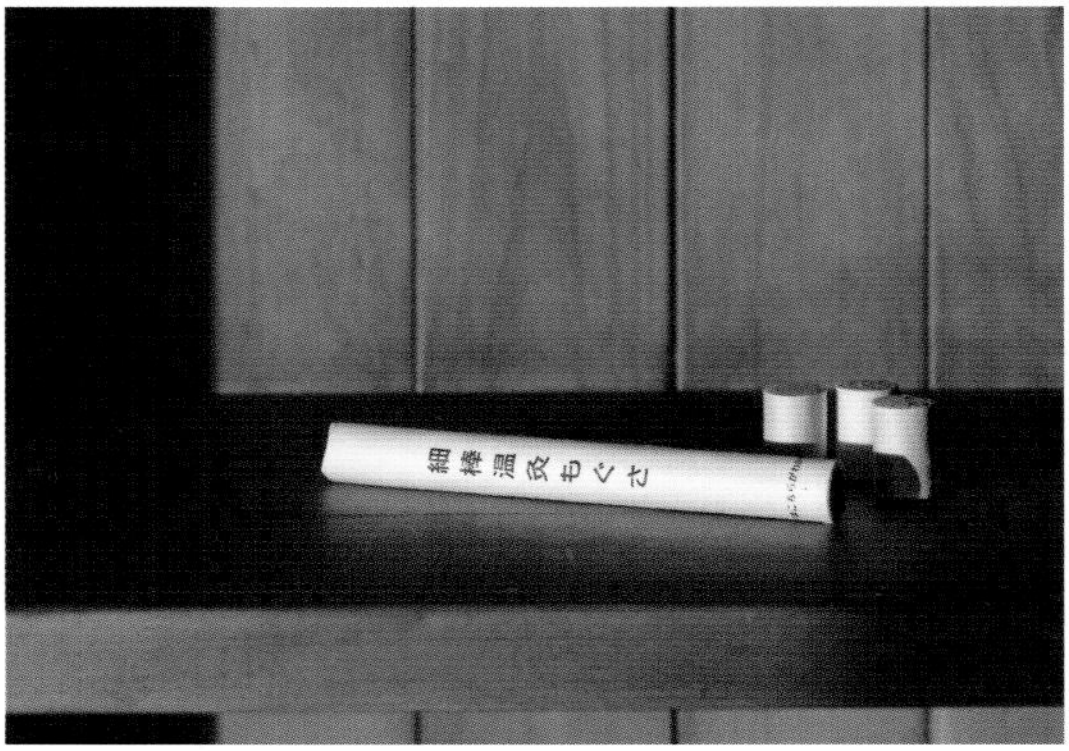

もぐさとお灸。

そして面倒くさいけどすぐに効果を感じることができたものは、キャスターオイル湿布！

これは、大きな布にキャスターオイルを浸し、腎臓側の腰一面にその布をあて、その上から湯たんぽなどで1時間くらい温めるというもの。

それをしたあとは何度もおしっこが出たりとわかりやすく効果を感じてとても良さそうなので続けていきたいと思っているけど、ベルトでするお灸のように、それをしながら家事や仕事ができないのでなかなか難しく今のところ後回しになってしまってる。

体の健康も深呼吸も家の片付けも、とにかく入れるよりまずは出すこと。出したあとに十分なスペースを確保してから、今度は厳選したものを必要な分だけ取り入れていく。

これが、子どものころから虚弱体質でアレルギー持ちのわたしがたどり着いた今のリアルな健康解毒法です。

乙女心と顔の垂れ

わたしは若いころからスキンケアにまったく興味がなく、自分を綺麗に保つということが全然できていなかった。

洗顔後に顔をごしごし拭いたり、日焼け止めをつけないで一日中海にいたり、酔っ払って化粧を落とさず寝たり、とにかく「やってはいけない」と言われてることをしまくっていたし、エステも嫌い、クリニックでのレーザーくらいは何度かしたけど、とにかくお肌に対してかなりスパルタに生きてきた。

そして骨格的にも顔がとってもこけやすいのに太れない体質だったりと美魔女になれないことオンパレードで月日を重ねて、我ながら顔がほんとうに老けた！


まあ老けたって言い方も雑だけどね。

でも単刀直入に言うと、まさにそれなのだ。

女性の芸能人やモデルはいくつになっても綺麗とか、昔と全然変わらないとかって言われることが日本では多分最大のお褒めのお言葉だし、秘密にしていつの間にか綺麗になっておくこともできたのかもしれないから、こんなことを堂々と書くのもどうかと思ったけど、でも今わたしはまさにその事実を受け入れることと、そしてこれからどう生きるのかを考えていくステージに立たされていて、人生史上最大のテーマに迷走中なので、そのことを正直に書いてみたくなっちゃったのである。

今は、〝吹っ切れてもいない、受け入れきれてもいない、迷いに迷って動揺中のわたし〟というステージ。

昔わたしが声帯にポリープができて降板した舞台の物語で、主人公が自分が年老いていくことを受け入れられず苦しみもがくというシーンがあった。

当時わたしは22歳くらいで、何度台本を読んでも年老いていくことへの苦しみの意味がさっぱりわからなかったのだけど、それから18年経った今、ようやくその主人公の気持ちがわかる日が訪れたのである。

当時のわたしは、『おばさん』という生き物は生まれたときから『おばさん』という生き物だったとでも思っていたのかもしれない。

そしてそのおばさんは、自分とは違う『おばさん』という生き物だから、考え方や感じ方もきっと自分とは違うんだと漠然と思っていたことがわかった。

だって自分が『おばさん』になった今、「え？？？　おばさんになっても、かわいいと思うものとかときめく気持ちとかってなんにも変わらないんじゃん！！！」と驚いているんだもん。

もっと言ったら、顔が垂れようとほうれい線が刻まれようと、キュンとする気持ちもうっとりする気持ちもなにひとつ変わらないんだし、わたしってほんとにおばさんなんだろうかとまでこの期に及んでまだ思ったりもしている。


世の中的にも何歳からおばさんという決まりや共通認識はない。では一体、おばさんの定義はなんなのか考えてみた。

それは、自分以外の誰かの決めたこと、ということになる。

わたしが昔誰かのことをおばさんと勝手に思って、そしてその人はわたしにとって『おばさん』にされていたわけだけど、それと同じように、誰かがわたしをおばさんと思えばその人にとってわたしはおばさんになるし、もちろん自分で自分をおばさんだと思えば自分にとって自分はおばさんになるけれど、自分が自分をおばさんだと思っていても誰かがわたしをおばさんだと思わなければその人にとってわたしはおばさんではない、ただそれだけのことだ。

では、実際張りのなくなった肌や深くなったシワ、シミやたるみなどなど、昔のそれとは変わっていく自分をどう受け止めていけばいいのか。

できれば顔なんて垂れたくないし、輪郭だってぼやけたくないし、細かく言ってたらキリがないから総称して言うなら老けたくなんかないけど、年を重ねるということは、どうしたって姿形が変わっていくものと決められている。

じゃあさ、さっきからわたしが連発している『老けた』ってネガティブな言葉を使わないのはどうだろうか。

そもそも『老けた』って言葉はネガティブワードの共通認識でいいよね？　おそらく『老けた』と言われて褒められたと感じる人はわたし調べではいないはずだからその定義で進めていきます。

老けた以外だとどんな言葉があるのだろうか。大人っぽくなった、とか、貫禄が出てきた、とか？

そう考えると的確な言葉って全然ない。

もしかしたら『老けた』って言葉は現代ではネガティブにみんなが捉えてるだけで、そもそもはネガティブワードではなく、大人になっていく、年を重ねていく様を言い表した言葉だったのかもしれない、と思い始めてきたので辞書で調べてみることにした。

老ける①：年をとる。年寄りじみる。②：古くなって品質が悪くなる。類語：年老いる。大人びる。年とる。老いる。だそうです……。

わたしが見た辞書がいけなかったのかもしれないけどさ、古くなって品質が悪くなるって、なによ！！！　失礼しちゃう!!　言い過ぎでしょ！

はぁ。やっぱり『老ける』は、ネガティブワードだったのか。じゃあそれ以外で年を重ねていって外見が変わる様を表す言葉がないんだから、年をとっていくこと自体がまるでネガティブなことみたいになってしまうじゃないか。

外見は時間とともに変わっていっても、中身はなにひとつ変わらずキラキラしていたり、経験を重ねた分知識が深まったり、多くのことを学んで気付きの連続で今までとは違った世界が広がっていたりと、年をとっていくことで得る素敵なもののほうがわたしは多いように思う。

なのになぜ年をとることはネガティブなことにされやすいの？

死に近づいていくことだから？

使ってる体が古くなってくるから？

なんだかわたしは、これを書きながらだんだんと顔のたるみなんかどうでもいいような気がしてきたけど……。


でもまた現実世界では、どうしよう〜って思うんだろうな。

だってわたしは中学生のときから働いていて、顔がパンパンだった時代を知っている人がたくさんいるから、わたしがなにかに出るとまず注目されるのは『老い』についてなんだもん。

わたしはもう積極的に『出る』仕事を自分からはそんなにしたいとは思っていないけど、でもやっぱり誰かに求められるのは嬉しいし、せっかくこんなに長く続けているたったひとつのことだから、このキャリアは大切にしていたい。

でも今までとは違うわたしに、果たして今後いつまで『出る』仕事はあるのだろうかとも思うし、そこで求められるものはなんなのか、わからない。

やっぱりこっそりいつの間にか綺麗になっておいたほうがいいのか、どうなのだろう……。


東京に帰るたび、都会の第一線でバリバリ働く素敵女子たちに会うとみんな綺麗過ぎて、自分が山から間違って降りてきちゃった獣かと思うことがある。

頭のてっぺんからつま先まで抜かりなく手入れされた完璧な容姿から滲み出る余裕と、自信溢れる真っ直ぐな眼差し。

彼女たちはみんな『今一番イケてるクリニック』を知っていて、わたしに勧めてくれる。わたしは今まで何度も『今一番イケてるクリニック』での最新の処置を受けるチャンスがあったのに、なぜこうなるまで（自分史上一番顔が垂れるまで）レーザー以上の顔の処置を頑《かたく》なになにもしなかったのか。


理由を思い返してみると、ほんの少し顔が老けたなと思ったまだ30代前半のとき、10代のころからわたしを仕事で使ってくれているある雑誌の編集長に「なにか処置をするべきか」と相談したら、一度そっち側を選んだら二度とこっち側には戻れない。それはすっごく大変なこと、そのまま生きていく潔さは強さだ、とアドバイスをもらったことが大きい。

わたしはそれを聞いて肩の荷が下りて、だったら美容に興味ないし注射とか怖いしこのままでいいや！　と思ったことと、その後自分的ナチュラリスト時代の到来でひたすらナチュラル志向のオーガニック女になりきり、成分が全部把握できないし何十年後どうなるか研究結果が出ていないから怖い、という理由からちょっとしたフェイシャルやレーザー以上のことは自分には無関係のことと思って生きてきた。

レーザーだって電磁波とかどうなんだろう？　と、そんなに何度もしたわけでもない。

でも、ここまで顔が変わってきたら話は違う。今わたしは本当に人生の重大な岐路にいるのである。

このままどんどん老けていくのか。それとも『今一番イケてるクリニック』で、レーザー以上の踏み込んだ処置をして生きていくのか。

答えはまだ出ていない。

今の時代、アプリとかあるからさあ。アプリ使えば盛れちゃって、そこまでお見苦しいものをお見せしないで済んじゃうんだよね、ちょっとした仕事ならさ。

こんなふうに悩みに悩んでる日々の中でわたしの唯一の気休めは、夫の顔も垂れたということである。

わたしは自分の顔を鏡で見て、きゃあああああ！　と叫んだときは彼の元へすっ飛んで行き、彼の顎が下を向くと二重顎に垂れること、笑うと口からも目からも顔いっぱいにシワができるようになったこと、眉間のシワのあとがくっきりついたことを彼の顔を触りながら説明する。

彼は何度もされているその説明を不思議に思わないのか、その都度「へー」と聞く。その話の最後に、「出会ったころは一本もなかった白髪が、出会って何年かして生えてきて、そのときは白髪が生えてるよと言ったら、え？　どこ？　抜いて、と言っていたのに、今は白髪を抜いちゃったら髪がちょっと少なくなっちゃうんじゃないかってくらい増えたよね（わたしはまだ白髪はないもん！）」という感じで、相手の『老い』を散々指摘して謎に去るのだ。

そうすると、ちょっと心が落ち着く。悪いヤツだなわたしは……。

でも彼はそんなことでまったく傷ついてもいないし、なんとも思っていないどころかそういう自分を肯定すらしているので、「何度でも言っていい」らしい。ある日わたしは彼の老いについてだけじゃなく、わたしのことをどう思っているのか勇気を出して聞いてみることにした。

わたし　わたしの顔のシワとかたるみとか、どう思ってるの？
彼　うーん？　なんとも思ってない。
わたし　なんとも思ってないって、なんで？
彼　だって、自然なことじゃない。

わたし　でもみ――んな、とくにわたしと同じ仕事している人たちは、みんなとって
　も綺麗じゃん。
彼　でもさあ、そのまま生きていくのも、いいと思うよ。

その日の会話はそこで終わったけど、言いづらいことをとりあえず話題に出せたことにわたしは満足した。

一度話しちゃえば、これからはそのことについて気負わずいつでも話せるもんね。

そしてまた別の日、彼ともっと深くそのことについて考えてみた。

議題は、日本はとくに男の人が若い女の子を好む傾向があるから、女性が年をとることに抵抗感が生まれてしまうことや、実際に年をとるってどういうことなのか。

彼は、「老けるとか老いるとかそういうことじゃなく、中身が成長するとともに外見も変わっていく、わからなかったことがわかるようになったり、価値観が洗練されていったりするとともにそれを表すように外見にも変化がおこる、だからこれは、いいことなんだよ」と、ポジティブな意見を笑顔で言い放ってわたしをずっこけさせた。

わたしは、日本の男性は若い女の子に価値を感じる人が多いのはどう思うか、ちょっとムカついた気持ちは隠しつつ聞いてみた。

彼は明るく冷静に、「それはさあ、女の子を商品として見てるというか、男尊女卑の

なごりだよね。オレは若くてかわいいとか外見的なことよりも、内面的なところでわかり合えたり深い話ができる関係に価値を感じるんだ。相手のなにに価値を感じるかは人それぞれだね」と言った。

若くても深い話ができる人もいるんだろうし、一概には言えないけど、でも自分たちだって昔はこんなふうにものを考えたりしていなくて、今は昔とは別世界で生きてるようだという話になった。

彼はとにかく『今』が好きで、それはわたしも同じ。

ひとつずつ少しずつ選んでここまで積み上げてきた大切な自分らしさや価値観。今の関係や今の暮らし。それとともに外見が変わっていくことが必須ならそれはもう受け入れるしかないんだけど、わたしの周りはみんな綺麗過ぎるから自分がこんなのはおかしいのかわからなくなると言ったら彼は、「全然そういう年でしょ。若ければいいみたいな表面的な価値観からされる評価に傷つく必要ないし、キラキラ前向きに生きていればその人の眼差しだったり振る舞いだったりそういうところから素敵さが表れて、それがほんとの価値なんじゃないのかな」という彼の話で締めくくった。

いい話だったな。わたしがシワシワになっても変わらず好きでいてくれたまえ！

気まずいトピックだったけど彼と真っ直ぐ話し合えて安心したから乙女心はクリア。

あとは世間的にとか、女同士のイロイロとかだな。


わたしはまだ決められない。

もしかしたら、レーザーより次の段階のなにかをする日がくるのかもしれないし、それともこのまま、怖いけどでも常に更新されてく今の自分を受け入れ、ありのままを晒して生きていくことを選択し続けるのかもしれないし、もうそれは、自分次第。

まだ決められないから、もう少しもがきます。


でもこれだけは言える。

外見が変わっても今が一番楽しいし、あのころに戻りたいとは思わない。

だって、今目の前に広がる、昔とはまったく違う価値観で関わるこの『別世界』が大好きなんだもん。

ホルモンバランス

これを書いている今日はまさにホルモンバランスの乱れから少し解放された生理２日目！　昨日までは本当にクズ野郎になっていたわたし！　……あ、自己否定じゃないよ、愛を持ってギャグ的に（笑）。

20代は結構ＰＭＳが酷くて自分自身それに振り回されていたし、『この世の終わりですオーラ』に周りも巻き込んじゃっていたけど、娘を産んでからはホルモンバランスが整ったのか、子宮も心もたくさんデトックスしたからか、生理前もイラついたりイヤな奴にもならずわりと安定していたんだけど、息子を産んで生理が再開してから、また……生理前の思考回路がおかしいいいいいいいい!!!!!!

ハワイに住んでしばらくしてからは、朝起きたときからワクワクして喜びに満ち溢れ活力がみなぎってすっとんで起きちゃってたのに、最近はまた生理前だと朝からどよ〜

ん。

いつもは気にならないことが神経質に気になり出してイライラ。終わった過去の話まで自分の中に引っ張り出してきて、「わたしやっぱりあれが納得できない。もう解決した気になっていたけど、ちゃんと消化できてなかったんだわたし」なんて浸っちゃってあぁめんどくさい。

わたしはもともと静かな場所が好きなほうだけど、そうやって神経過敏になっているときはとにかく騒音が苦手になる。

椅子をひきずる音や食器を置く音、ドタバタした足音や人のしゃべり声。ものが勢いよく落ちたりなにかがぶつかったりした大きな音なんてしようものなら心臓バクバク、寿命が数年縮まったんじゃないかと思うほどビクついて、そして平穏を壊されたことに心から腹を立てる。「うるさあああああい！　静かにしてええええええ！」って。扱いづらくてイヤなヤツだよね。

あぁ神様、一時期あんなにＰＭＳから解放されてわたし自身も家族も平和に暮らしていたのに、なんでまたこれなの～と、ただ言っててもなにも解決はしないので、わたしなりに自己診断と対策を。

まず昔のそれとの一番の違いは、「これは生理前によるホルモンバランスの崩れからくる思考回路である」ということがその最中もわかるようになったということ。

これはとっても大きなこと。

だってさ、うじうじ考えてることに本気で浸っちゃうと次から次へとイヤな気分になって、あれも悲しい、これも嫌い、なんでこんな思いばっかりしなきゃいけなかったのとそのスパイラルは一瞬にして人生を悲しみと怒りの渦に迷い込ませる。

だけどこれは生理前のホルモンバランスの乱れだと自覚ができるようになってからは、浸ろうにもそんなに深くまで思い込むことができない。


ハラタツ！　……けどこれって、今わたしの心が小さくなってるだけだよな、とか、なんでそうするのよ～!!!!　と誰かにイラついても、別にそうするのはその人の自由で、相手のスペースに土足で踏み込んで意見するわたしが恐ろしいわ……。はぁ、生理前ってイヤね。と、なにかが癇に障るたび冷静な意見が同時に降りかかってくるから、昔のように大事には至らない。

これが自覚できてるかできてないかで苦しみの深さは全然変わってくる。

二人目を産んで生理が再開してからまたＰＭＳになっちゃったのは多分、まだ産後のホルモンバランスが整っていないからだとわたしは思っていて、ホルモンバランスを整えるためには、なにはともあれ規則正しい生活を心がけることが一番の近道。

でも日によってはどうしても今日中に終わらせなきゃいけない仕事があったり、子どもたちが寝たあと彼と話していたら盛り上がって深酒しちゃったり、なんてしょっちゅうあるから自分をルールで縛らず臨機応変に、大きな心と長い目で見ながら規則正しい生活を心がけるようにしています。早寝するよりもきっと元気になれるであろう楽しい時間を過ごせるなんて、それこそが人生の醍醐味だもんね。

そしてホルモンバランスや自律神経を整えるにはヨガをしながら甲状腺を刺激できるフィッシュポーズをしたり、いつもストレスと闘ってくれている副腎を腎臓ごとお灸で温めたりしています。

あとはなにより睡眠の質を上げること。これはわたしにとってとてもハードなことなんだけどなるべく寝る数時間前からパソコンや携帯を触らないようにしたり、夕方以降にパソコンや携帯を見るときはブルーライトカットのメガネをかけたり、寝室に携帯は持ち込まないようにしたりしています。

一旦持ち込んでも寝る前には必ず部屋の外に出す。わたしはずっと携帯を目覚まし時計代わりにしていたんだけど、寝室に携帯を持ち込まないために目覚まし時計を買いました。夜はとにかく自分をリラックスさせるために、気持ちのいい音楽を聴いたり、足首をよく温めてストレッチや瞑想をしたり、今夢中になっている本を読み進めたり一日頑張った自分へのご褒美時間にするのが好きです。

ホルモンバランスがおかしくないときは毎日が楽しくて、ましてやご褒美時間なんて寝るのがもったいないと思っちゃうんだけど、こんなに気持ちのいいベッドでゆったり眠れるなんて、なんて幸せなんだろう、ありがとうございます、と心で思ったり口に出したりしてから眠ると睡眠の質が数段上がるのがわかります。

そうやってまた、早く整わないかなわたしのホルモン〜！

30代から子宮を甘やかすためにずっとしていることは引き続きやっていて、10年くらい続けているのはデリケートゾーンのオイルケア。

生理前はマッサージオイル［→ p.93］に女性ホルモンを整えるイランイランやジャスミンの精油を垂らして塗ったり、臨月のときは出産に向けてビタミンEオイルでマッサージをしたり、バストも子宮とダイレクトに繋がっている臓器なのでデリケートゾーンのついでにずっとオイルでマッサージケアをしています（顔のケアは全然してこなかったのに変なヤツ）。

ナプキンは布とオーガニックの紙のものを併用しているのですが、布ナプキンは干してるところを夫に見られたくないのでいつもひやひや。アメリカの住宅って造り的にバスルームがたくさんあるから、うちはみんな使ってるバスルームが違うんだけど、布ナプなど見られたくないものは自分のバスルームにこっそり干しているのですが、そういうときに限ってなぜか「ちょっとトイレ貸して〜」と彼がわたしのバスルームに入ったりするの。もう、なんとも言えない気持ちになります。

でも布ナプ、化学物質も揮発しないし、肌触りも優しいし、冷えないし、環境にも優しいし、好きです。粘膜の経皮吸収は他の皮膚の数倍だそうなので、そういうところに使うものはオーガニックや、自然なものがいいなと思っています。レースの素敵なパンティは、気持ちは上がるけど擦れたり冷えたりするので寝るときははかないようにして、夜寝るときはひそかに『自分を甘やかすパンツ』と呼んでるオーバーサイズのコットンパンツで寝たり、ノーパンで寝たりしています。

締め付けない、冷えない、擦れないって大事。

『子宮は溜め込む臓器』と、研究者の方たちの本で読んで、一人目の妊娠中からカラーリング剤を頭皮につけないようにしているのもずっと続けてきたことのひとつです。

だからわたしの写真を見返すとグラデーションにしているヘアカラーが多いのですが、2〜3回どうしても根本からカラーリングしたくなったことがあり、そのときは担当してもらってる美容師さんに相談して根本から数ミリ浮かせてカラーリングしてもらいました。

最近はオーガニックのカラー剤もあるし、かわいくなれたほうが気持ちも上がって結果健康に繋がることもあると思うので、また根本からカラーリングをする日がくるかもしれないし、決めていないけど今のところはこのチョイスが気に入っています。


そしてなにより究極のホルモン整え術は幸せホルモンであるオキシトシンの分泌を促すこと。オキシトシンは彼と仲良くしたり子どもを抱きしめたりすると分泌されるんだけど、もっと簡単に分泌させる方法は「ありがとう」と言うこと！　これはわたしのヨガの師匠が教えてくれたのですが、言葉のなかで「ありがとう」がオキシトシンを一番分泌させる言葉なんだそうです。

さあ、今日もとりあえず唱えよう。

ありがとう。ありがとう！　ありがとう♡　ありがとう♡　あ、なんかわたし、だんだんイイヤツになってきた！！！！！

ウォーキングのススメ

わたしは昔から下半身が浮腫みやすくて、その原因は腎臓の働きだったり冷えだったり代謝力の弱さだと思うんだけど、では、手っ取り早くどうすればいいのか。

冷たいものを摂らないとかレッグウォーマーをはくとか色々あるけど、最近のお気に入りはシンプルに歩く！　というもの。

ヨガだと、ヨガマット出すの面倒だなとか、ウエイトトレーニングはジムに行かなきゃできないとか、なんだかんだサボる理由が見つかっちゃうからハードルが高くなっていくけれど、歩くのはもうパジャマのままでもいいからとりあえず外に出てみるという感じで、わたしには最もハードルが低い。

わたしの家は山の中にあるから天気が変わりやすく、途中で大雨に降られたなんてこともよくあるんだけど、それはそれでなんだか気持ちいい。

歩くっていいことばっかりで、内臓の位置も整うし、ついでに骨盤の位置も整う、そして背筋を真っ直ぐにして正しく歩くとそのまま一日中正しい姿勢を保っていられる。景色の移り変わりも楽しくて、一人で歩く時間は心の中も整理されていって40分くらい歩いたころには頭の中まで全身酸素がしっかりまわって、足の浮腫みもすっきりしてる。

家族がまだ起きる前の早朝に歩きやすい格好に着替えて家を飛び出る。朝の清々しい空気を肺いっぱい吸い込んで、自分を大事にする大切な時間。

音楽を聴きながらでもいいし、外の音を聞きながらでもいい。その日の自分の気分に合わせて行きたいところへ行ってみる。

こーんなに簡単で最高な運動があったのに、どうして家でエアロバイクを漕いでたんだろう（笑）。一日中土砂降りのときはエアロバイクもありがたいけど、わたしは今更ながら、シンプルに歩くということが気持ちよくて仕方がない今日この頃です。

ヨガは一生続ける心の修行

ヨガとの出会いは遡ると遥か彼方のその昔、なんだけど、ちゃんとやり始めたのは娘を出産した直後で、きっかけは信頼するオヤジ友達にひなのは絶対にヨガが向いてると言われたこと。

ヨガを始めたころは、いかに綺麗にアーサナ（ポーズ）をとるかが重要だと思っていたんだけど、ジャングルに籠って短期集中で全米ヨガアライアンスを取るティーチャーズトレーニング（ＴＴ）に参加して深くヨガを学んでから、わたしにとってヨガとは、一生続けても終わりがない精神的な修行になりました。

発祥の地インドではその昔、ヨガとは瞑想だったんだけど、その瞑想を深めるためにあとからアーサナが生まれたのだそうです。

よく、ヨガをしてみたいけど体が硬いからなにからしていいのかわからない、というコメントをもらうのだけど、大切なことはそのままの自分を知ることでもあるので、体が硬くたってまったく問題はないと思う。

今の自分を知って、そしてその自分を少しずつ超えていくこと。

何人かで受けるヨガクラスで他の人が自分より体が柔らかくても、人と自分を比べて恥ずかしいなんて思う必要はまったくないです。

本物のヨガをしてヨガ的に生きている人なら自分とは違って当然の他人のことをどうこう思ったりはしない。

だから人目なんて気にせず、今の自分の精一杯を目指して常に練習するだけです。

ちょっと変な話なんだけど、わたしは昔、悲しいことがあったときは感情的に泣いたり怒ったりしなくちゃいけないんだと思っていたの。

それはきっと育った環境でそうするものなんだっていつの間にか刷り込まれていたんだと思うんだけど、ヨガを始めてからはどんな状況に立たされても冷静さを失わずにいることの大切さを知りました。

どんなにきついポーズをとっていても深い呼吸をし続けることはまさにその修行で、それができるようになると私生活で突然降りかかるバッドニュースも以前のように動揺せずに受け止められて、冷静に最善の解決策を考えることができる。

それって周りにとっても自分にとってもとっても大きなこと！

精神的な動揺は心も体も本当に疲弊させるから。だからわたしは、ヨガをちゃんとしているときの自分が大好きなんだけど、今でもついついサボってしまう（笑）。

サボり魔のわたしが集中的にヨガをすると決めたときは、家にヨガマットは敷きっぱなしにして朝でも夜でもいつでも、時間があるときにマットの上に座ってみるようにしています。

ヨガマットの上はわたしにとって別次元の神聖な場所なので、とりあえずマットの上に座りさえすれば体がいい状態のときの自分を思い出してくれる。

ゆっくりストレッチしていくと気持ちがいいからやみつきになって、またすぐマットに戻りたくなる。

その繰り返しで、わたしのヨガ修行は少しずつゆっくりと進化していっています。

本当は毎朝太陽礼拝をして一日を始めるなんて素敵なことを言ってみたいけど、ドタバタで過ごす朝もまだまだ多いわたしが、そんなふうに言えるのはもう少し先のことになりそうです。

瞑想とわたし

ハワイに家を作り東京との二重生活をしていたころ、ハワイのカウンセラーにカウンセリングをしてもらったことがあって、そのときに「キミのように交感神経ばかりが優位な人は瞑想をすると副交感神経が上がるのでぜひ生活に取り入れるように」と教えてもらい、それがきっかけでわたしは交感神経と副交感神経に興味を持つようになり、そのことについて書かれている本を読んだりしていました。

確かにわたしは交感神経がいつもハイパーで頭の表面がビリビリ痺れるような感覚になったりします。わたし調べによると起きてる間の交感神経が優位な時間帯も、交感神経が優位ながらも副交感神経も高いままキープできている状態がベストパフォーマンスを連発し続けられる条件。どうしたらその夢の状態を手に入れられるのか。

その近道は、瞑想だったのです！

ここ数年は一流と呼ばれているスポーツ選手も瞑想をしていたりとそれ自体が身近な

存在になったけど、わたしがカウンセラーに教えてもらったときはまだメディテーションてなに?? 誰がしているの?? 宗教的なものじゃないよね?? と、あんまり馴染みのないものでした。

でもわたしは、交感神経、副交感神経というかなりわかりやすい入り口から入ることができたので、カウンセラーに言われてからたまに瞑想を生活に取り入れてみていました。

自己流でする瞑想はちょっとおっかなびっくり。これでいいのかな……という迷いが振り払われないまましていたからもったいなかったけれど、単純に気持ちよかったのできっと効果はあったと思います。

そんなわたしが本格的に瞑想をするようになったのが、ハワイ島のオフグリッドで行われたヨガのティーチャーズトレーニングに参加したときでした。

わたしのヨガの師匠は瞑想をとても重要視している、本物のヨガを教えてくれる人。ヨガってもともとは瞑想をすることで、それを深めるためにアーサナは生まれたのです。

でね、そのティーチャーズトレーニングは3週間毎日朝5時から30分の瞑想、夜終わる時間は日によって違ったけど、一日中ヨガと解剖学を学び、締めにまた瞑想という日々でした。

ジャングルの中にヨガ道場のような屋根と壁のあるスペースがあって、朝はそこで瞑想をするんだけど、わたしはとにかくそれが苦手だった。

東京でバリバリ働いていたとき、会議室での会議やテレビの収録という、『その場から逃げ出せない状況』がなぜかとっても苦手になってしまって、そういう場面になると心臓がバクバクし出して息が苦しくなり、頭がふらふらして最終的にはお腹が痛くなるという、居ても立ってもいられない状態になってしまってとても悩んでいたんだけど、ハワイに住んでそれがとってもよくなっていたのに（というか、逃げ出せない状況があまりなかっただけかも）、そのヨガ道場での朝の瞑想は久しぶりにその自分になってしまったのです。苦しくて苦しくて耐えられない。わたしは途中から師匠に、わたしだけヨガ道場の外でやらせてもらうようにお願いして、まだ真っ暗なジャングルの砂利の上で一人、瞑想をしていました。といっても道場も大きな扉はいくつも開けっ放しで、わたしが瞑想していた外の場所は床がないだけで人からしたらきっと中とそんなに変わらないんだと思う。でもわたしにとって逃げ出せるか逃げ出せないか、逃げ出すときに人の前を通ったりして瞑想してる人の邪魔になるかならないかがとても重要で、道場の外と中はまったく別の世界でした。

わたしだけ外で瞑想するのが定番化してきたある日、師匠がわたしに、そろそろ中で瞑想するように言いました。わたしはこのティーチャーズトレーニングが終わるまで外で瞑想をしていいんだと思っていたからびっくりして反抗したけど、師匠に「キミが部屋の中で瞑想をするときに心臓がバクバクしているのは隣に座って体の一部が少し触れただけでも感じたから、それが本当に苦しいのはわかる。でもそれを乗り越えずにずっと逃げていたら今の自分から成長していけない」と言われ、明日の朝からみんなと同じ場所で瞑想するようにと言い渡されました。

チキショーーー！！！　逃げてるとか言いやがって！！！　わたしはわたしを超えてみせる！！！！！　そう意気込んだのはいいけれど、次の日の朝の瞑想は5分と持たずいつものように砂利の上に出て、悔しさから瞑想する気にもなれずただ膝を抱えてみんなの瞑想が終わるのを待っていました。その次の日も、そしてその次の日も。

それを続けるわたしに師匠は、一度外に出てもまた戻って瞑想を続けるように言ったけれど、一度外へ出てしまったらもう戻る勇気は出なかった。

わたしはどんどん卑屈になって、もうやめようかなと心の中で弱音を吐き続けていました。そして、わたしはついに朝の瞑想もそのあとのスケジュールもなにもかも投げ出して、みんながいつも通りその日のヨガと解剖学を学んでいるなか一人別の場所でサボり、もう家に帰ろうと思って夫に電話をかけました。

わたしが籠っていたジャングルは母屋の近くしか電波がきていないから彼や娘になかなか連絡できなかったのに、久しぶりに電話がかかってきたかと思ったらそんな弱音を吐きながらもう帰る！　とふてくされてるわたしに彼は、「せっかく今日まで頑張ってきたのにもったいないよ。それは仕事じゃないんだから、最悪無理で瞑想中外に出たとしても、そんなに迷惑はかからないよ。今の自分を超える、無理だったものを克服するチャンスだと思って頑張りなよ」と言ってくれました。まだ小さな娘を一人でみながらわたしを快く送り出してくれた彼にこんなところで弱音を吐くなんて、ごめん！　という気持ちになり、自分自身に立ち向かう勇気が呼び覚まされました。

　みんなの輪に戻った直後、師匠からのまさかの爆弾発言でさらなる悲劇が襲い掛かったときのことは今思い出しても倒れそうになる思い出。なんと師匠は、卒業式の前日に道場で1時間の瞑想をする、それを途中でやめたり、受けなかった者は卒業できない（ライセンスをもらえない）と言い放ったのです。

　え、なに？　それってイジメ？？？　とわたしはすぐ悪いほうへ捉える癖で思ったけれど、でも、すでにわたしはサボってしまったから追加で補習を受けないとどうせライセンスはもらえないし、もっと言ったらヨガとジャングルのオフグリッド生活に興味があってここへきただけでライセンスはついでにもらえるなら、くらいに思っていたし、ライセンスがどうのってことよりも、せっかくここへきたんだから、今やれる精一杯をとにかくやってみよう。そして、なにかひとつでも成長して帰ろう。細かいことを考えるのはそれからでいいや。と、なにはともあれやってみることにしました。

その日が近づくにつれ緊張は高まり、朝の瞑想はやっぱり外に出てしまう日々。でも前と違うのは、一度外に出てもまた中に戻ったり、どうしても中に戻れなくても戻ろうとし続けたこと。自分の心が落ち着くストーンを握って朝の瞑想に挑んでみたり、ジャングルに持ってきていた好きな香りのエッセンシャルオイルをハンカチに垂らして嗅ぎながらやってみたり、無になることが目的の瞑想なのに、面白いことを頭の中で繰り返し考えてみたり、わたしなりに、今までとは違う前向きな姿勢で取り組むようになり、そしてついにその日はやってきました。

なんとなく感覚的に、この1時間はわたしの人生の歴史に刻まれる1時間になるんだろうと感じていたけれど、道場に向かう泥道を歩くわたしは緊張して吐きそうで、きっとこの世の終わりのような顔をしていたと思います。

しかもゆっくりとぼとぼしか歩けなかったから、本当は端っこを自分の瞑想場所にしたかったのにそういう場所はもうみんなが座っていて、わたしの瞑想する場所は最悪逃げ出すときに周りに３６０度人がいる、まさかのど真ん中になってしまいました。

わたしはお守りのストーンと、２枚しか持ってこなかったからもう何日も洗ってないハンカチを握りしめ、そこであぐらをかきました。そして師匠の合図で一斉に瞑想。わたしは家族に別れを告げるような気持ちで目を閉じました。最初は、目を閉じているのにひどい目眩《めまい》に見舞われて、そして脂汗なんだか冷や汗なんだかとにかく不快な汗がどこからともなくじわじわ出てくるのを感じ、心臓はバクバクして息は苦しく、酸欠で上も下もわからなくなりいつもなら我慢できずそろそろ立ち上がり外へ出る状態だったけど、わたしは、もう死んでもいいや。その前に漏らしたりするかもしれないけど、自分がどうなってもそれを受け入れよう。と、その苦しみを観察してみることにしました。そうすると、今まで何度も同じように苦しかった場面が次々と頭の中に再現されて、忘れていた記憶も呼び覚まされていきました。

ある日の会議室。何度も駆け込んだテレビ局のトイレ。辛くて辛くて足をずっとモジモジさせながらなんとか乗り切ったある日の収録。飛び出したいほど苦しかった仕事へ向かう静まり返った車内。

友達の家でせっかく用意して待ってくれていたのに、じっと座っていることができなくて台無しにしてしまったある日のディナー。

わたしはいつからこうなってしまったんだろう。

感覚的に40分くらい経ったころだろうか。足も痺れて冷たくなりながら、目を閉じて瞑想していたわたしの目からボロボロボロボロ涙がこぼれ落ち、その涙が流れれば流れるほど苦しみは薄れていき、ついにわたしは無の状態を体得しました。


天と地とわたし。ただここに存在しているわたし。それ以下でもそれ以上でもなくて、ただただ、その事実がそこにあるだけ。

その感覚はとても気持ちがよくて、悲しみも苦しみも喜びもなにもなく、わたしがここにいることをただ感じているだけ。

そこから終わりまではなにも考えてなくて、多分あと何分くらいだとかそういうことからも解放されて、師匠の合図までひたすら瞑想を続けていました。ついにわたしは、やり遂げたのです。


この経験はわたしのトラウマが重なったことで起こった奇跡の経験。トラウマのおかげでこんなふうに瞑想の極致を知ることができて、ラッキーだったと思っています。

そのときの感覚は今でもよく覚えていて、あんなに深い瞑想はそれから一度もできたことがないけれど、きっとまたいつかあのときのような本物の瞑想ができる日がくるんだろうと思いながら日々気楽に瞑想して副交感神経を上げています。

そして、あのときのおかげでわたしは会議室を克服したかというとそう簡単にはいかず、今でもやっぱり苦手意識はあるんだけど、以前のように「そんな変なこと言っちゃいけない」と思って不自然に誤魔化したり、「膀胱炎なんです」と嘘をついて何度もトイレに逃げ込んだりはしなくなって、ずっと会議室にいられない可能性があることを正直に伝えたり、できれば緊張感のないカフェなどでお話しできないかと相手に言えるようになったりしたのはわたしにとって大進歩。

どうしても回避できない会議室でのミーティングも、外に出なきゃならないときは格段に減りました。そしてこのことをこんなふうに書くことができた。

きっともうすぐわたしは、会議室も逃げ出せない場所も全然大丈夫になれると信じています。

パラサイトクレンズ、つまり寄生虫の退治！

信じられないような話だけど、現代においてもわたしたちの体の中に寄生虫（パラサイト）が寄生していることがあるらしい。

もう随分前のことだけど、オーガニックのことなどにとても深い知識を持った信頼している方から、この衝撃的な話を聞きました。

そういえば昔はギョウ虫検査なんかもあったし、お皿にのったブリの切り身の中からうねうね動く恐ろしい生き物をみつけたこともあるし、子犬や子猫がうちにきたときは虫下しをして、うんちと一緒にたくさんのミミズのようなウジ虫が出てきたのを見たこともある。しかもそのウジ虫はみんな、生きて動いていた。

となればやっぱり、生魚や生野菜を食べるわたしたちの体の中にも寄生虫がいたっておかしくないかもしれない。

怖いもの見たさもあって寄生虫について色々調べてみたところ、わたしの中では寄生虫はいても当たり前という認識に変わり、家族みんなで定期的にパラサイトクレンズをするようになりました。

わたしたちのパラサイトクレンズのやり方は年2回くらい期間を決めて、写真のティンクチャー（＊注1）［→p.93］をお水に垂らして飲んでいます。ハワイやＬＡ（ロサンゼルス）のオーガニックスーパーでこのティンクチャーを3種類まとめて買うとお店の人に「パラサイトクレンズするのね！」と言われたりして、知ってる人にとっては日常的なことなんだなと、嬉しくなります。

夫が初めてパラサイトクレンズをしたときは具合が悪くなって「なにを飲ませたんだ」と怒られたりしたけれど、体内にいたパラサイトがハーブによって死ぬと大量のアンモニアを出すので、それによって体調が悪くなってしまうらしい。そのときはアルギニン（＊注2）を摂るといいそうです。

彼の知り合いでアトピーに悩んでいた方は、コーヒーを使うコロンクレンズとパラサイトクレンズを定期的に行い、食事療法をして完治させたと聞きました。なんとパラサイトクレンズでは便と一緒に6本足の虫が出てきたとのことで、そのリアルな情報を夫が興奮気味に教えてくれたこともありました。

わたしはパラサイトクレンズをしてもそのあとに細かくチェックもしていないし、自分から虫が出てきたところを見たことがないので実際はどうかわかりませんが、寄生されていると寄生虫の一番の餌である砂糖や小麦粉を妙に食べたくなったり、感情的になったりとマインドまで乗っ取られることがあると聞き、身に覚えがあるので（笑）これからも定期的にパラサイトクレンズは続けていこうと思っています。

＊注１：ティンクチャー…舌下投与する液状のハーブの製剤
＊注２：アルギニン…天然に存在するアミノ酸の一種

ナチュラルドクター

二人目の出産はホームバース（自宅出産）だったので、妊婦健診はナチュラルドクター（＊注）のオフィスに通っていました。

わたしが出会ったミッドワイフ（助産師）はもともと西洋医学のドクターで、今も医師免許を持ちながらナチュラルドクターとして診察している方で、彼女の治療法は症状が出ていることの原因を全身で考え、普段の生活習慣や食生活などの見直し、症状の緩和にはハーブのティンクチャー［→p.94］などを使うという、できる限り自然なやり方で根本から治していくというもの。

でも西洋医学でしか治療法がないと彼女が判断したときには病院に行くことを勧めてくれる、とても知識が豊富で頼もしいドクターでありミッドワイフでした。

一人目の妊娠を機にすっかり薬を飲まなくなっていたわたしは、妊婦健診にオフィスに行くといつもとびっきりの笑顔で迎えてくれる彼女とハグをするだけで、元気になれました。それほど彼女はハッピーオーラ満載の素敵な女性でした。

健診の内容はとてもシンプルで、体調はどう？　念のため栄養状態の検査は毎回しましょう、と言われるものの、それは、紙コップと検査スティックを渡され、自分で尿検査をしてスティックの結果を伝えるという自分主導のやり方。

一人目の健診のときの尿検査はトイレの小窓に尿を入れたコップを置き、ドクターから結果を聞くのをドキドキしながら待っていたから、こんなに簡単に検査できるの？　と、目から鱗でした。

検査を自分でさせるのはきっと、「あなたの体はあなたが一番よくわかっているでしょ。人に管理されるのではなく、自分で管理しましょう」ということなんだろうとわたしは捉えていて、誰かに自分の体を数値だけ見て管理されるとその判断に任せきりになって自分の大切な感覚が閉ざされてしまうことは過去に経験済みだったし、確かにわたしの体はわたしが一番知っているはずだから、そこの領域に踏み込まれない関係はその笑顔に甘えることはできるけれど必要以上に頼らずにいられるとても気持ちのいいものでした。

自分での尿検査が終わるとベッドに横になり、ミッドワイフが入念にお腹を触ってベイビーの位置を確認したり、お腹の上からベイビーを測ったりと緊張感も負担もない楽しい時間で、一人目のときのようにエコーで赤ちゃんを確認しないほうが、今赤ちゃんはおそらく何グラムくらいとか、最近お腹が張りやすいのはきっとこれのせいとか、自分に起きてることが感覚でわかるようになり、お腹の中の赤ちゃんが求めていることもなんとなくわかるようになりました。

出産予定日はまだまだ先の満月に近づいたある日、スーパームーンのエネルギーに出産を促されているのを感じて、できればもう少しお腹にいてほしいと自発的に一日中安静にしていたんだけど、でもやっぱり産まれちゃいそうな感覚は正しく、そう思った3日後には陣痛が始まって息子はみんなの予想よりずいぶん早く産まれてきました。

三日間自主的に寝たきりのわたしに周りは「まだ早いから産まれないよ」と言っていたけど、その直後本当に産まれてきたことや息子の出生体重もわたしの予想した通りだったことから、常に自分自身で自分の体に寄り添っていると、こんなにも色々なことがわかるんだと実感。

一人目を妊娠する前のわたしは、風邪薬、生理痛の薬、頭痛薬、胃薬をいつも持ち歩いていて少しでも体調不良があるとすぐ薬を飲んでいたし、専門家に委ねていないと不安だったけど、自分の体を自分で把握していることの大切さを少しずつ知り、いつの間にかわたしはすっかり自分自身を信頼することができるようになっていきました。

そうやって自分の体といつも向き合っていると自分への愛が深まり自分を大切にするようになる。

それでももともと虚弱体質のわたしは、今でも色々な不調が起こってしまうんだけど、その中でもとくにすぐ調子が悪くなるのは胃腸で、このシグナルはなんなんだろうと自分なりに調べて、わたしは胃のヘルニアを持っているんだという自己診断に至りました。

精神的ショックなんて食らおうものならすぐに逆流性食道炎の症状が始まり、ものを飲み込むとつかえる感覚になったり食道の炎症から背中が痛んだり、空腹になると胃酸の逆流で気持ち悪いしで結構最悪。

普段だいたいのことは自己解決できるようになっていたわたしだけど、胃の不調があるとまた精神的にも落ち込むというスパイラルにはまったときに、ナチュラルドクターの元へ対策を相談しに行きました。

まずは胃カメラができる提携クリニックに行って食道と胃にどのくらい炎症があるのか検査をしてくるように言われることを覚悟していたけれど、彼女は妊婦健診のときと同じようになんの緊張感もないベッドにわたしを寝かせ、慎重に優しくみぞおち辺りを触り始めました。

そして、「胃のヘルニアがあるわね。そのせいで胃が食道に上がっちゃってるから今から下げるね。息をゆっくり長く吐いて」と言い、わたしが息を吐くペースでみぞおちから食道をゆっくりと胃に向かってなで始めました。

何回目だったか、そうされてるうちに急にわたしのおなかがぎゅるるるると大きな音を立てて、ドクターは笑顔で「これはグッドサインよ」と言い、わたしのお腹から音がしなくなるまでそれを続けました。

「これで食道に上がってた胃は下がったけど、まだ痛かったり気持ち悪い？」と聞かれ起き上がって確かめてみると、ここ何日間かあんなに不快で悩んでいた痛みと気持ち悪さがすっかり和らいでいました。

横になっていると胃は上がりやすいので体勢を少し起こした状態で眠るといいことや、朝起きて白湯をラージサイズのコップで飲み、白湯の重さを利用して背伸びして勢いよく床にかかとをおろすことで胃を下げるやり方や、今やってもらった、横になって息を吐きながら手で上がった胃を下げることなどを教えてもらってから、「でも一番大事なのはいつもハッピーなことを考えるようにすることよ」という優しい言葉とハーブを調合したティンクチャーを処方してもらってわたしは家に帰りました。

「すごい……。すごすぎる……」わたしと一緒にきてくれていた夫は、同じ気持ちで感動していました。胃カメラを飲む覚悟だったのに、まさか体の上から人の手を使っただけで胃を下げることができるなんて……！

長年の症状から自分であらゆることを調べてやっとわかった胃のヘルニアも、触った瞬間にわかるなんて……！

わたしはとにかくただただ感動して、この分野のさらなる学びを深めたいと強く思ったのでした。

病院に行ったり薬を飲んだりする前に自分や家族の体調をよく観察して、できる限り自分で調べて対処しながら、症状自体が問題なのではなくそれは体が教えてくれている大事なサインだと捉え、まずはその症状が起こっている根本的な原因をサボらず考えて、そこから正していけるように取り組むようになりました。

やっぱり自己診察は合っていたんだという誇らしさを感じた胃のヘルニアは、消化に負担のかかるものの食べ過ぎや猫背、便秘や腹圧の上がる体を締め付ける姿勢や服などが原因になることが多いみたいなので、とくにそれらに注意しながら、「なんでこんな思いしなきゃいけないの？」という無駄な考えを捨て、「わたしの普段の生き方でそうなってしまったんだから、それを直していくからね」とわたしの体に約束して前向きに取り組むようにしています。

そして、西洋医学でしか治療できないことが起こってしまったときには、この時代に生まれて良かったと有難〜く病院に行かせていただこうと思っています。

＊注：ナチュラルドクター……栄養学やハーブの知識をもとに、中医学的に健康をサポートする専門家

オイル２本。デリケートゾーンとバストケアに使っているオイル。

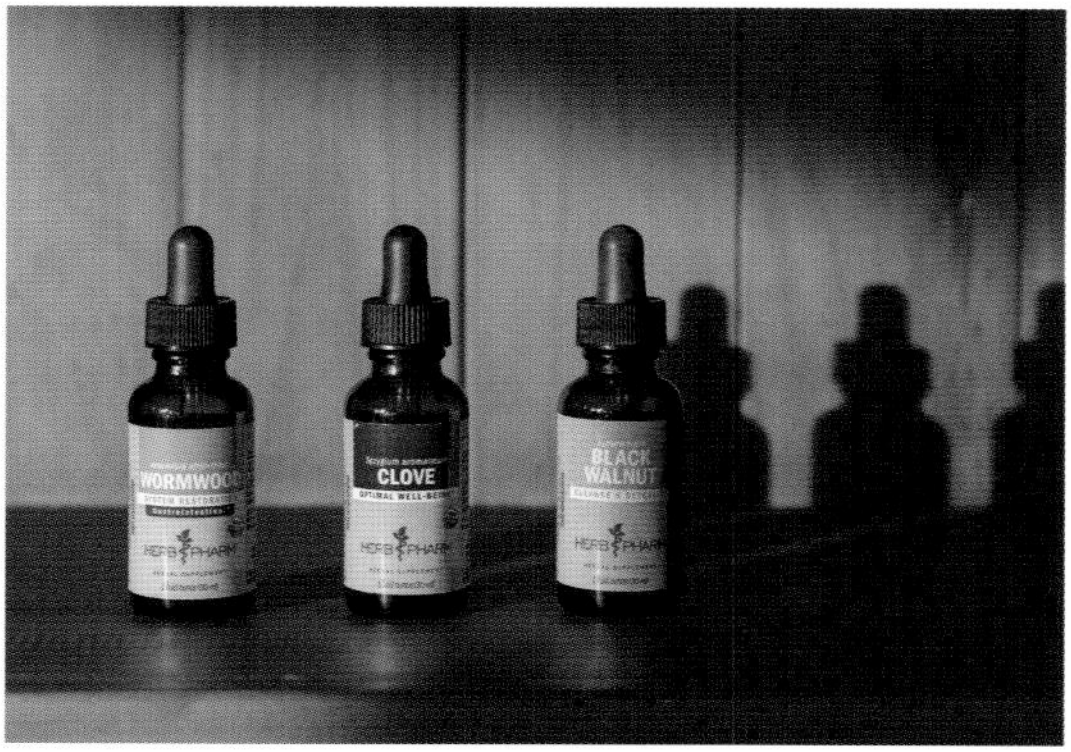

ワームウッド、クローヴ、ブラックウォルナットのティンクチャー。定期的にしているパラサイトクレンズに使うティンクチャー。どれもとっても苦い！

ナチュラルドクターのところでは、お薬の代わりにハーブを調合したティンクチャーを出してくれる。これは妊娠中の貧血対策に。

ゴツコラの自家製ティンクチャー。ゴツコラは東南アジアの植物で、その効果効能はバツグン！　体内のコラーゲン生産を増加させるとも言われていて、ストレッチマーク予防にも！

びわ葉エキス。これは万能薬で常備してる。擦り傷、火傷、ニキビ、虫刺され、湿疹などなどに。無農薬のびわの葉はオンラインで手に入りやすいから、手作りしてもいいよね!!

ハイビスカスのインフューズドハニー。ハイビスカスの効果効能もまた素晴らしく、ハニーに漬けて日々すぐ取り入れられるようにいています。風邪予防、免疫アップ、美白効果などなど。

これはわたしが唐津の工場に籠って調香したエネルギーミスト。
空間の浄化や気分転換、瞑想のときに使っています。

茶葉。ハワイ固有種、コオコオラウという植物を乾燥させたもの。
ハワイの太陽を浴びて育ったこのお茶には強力なマナが宿り、デトックス効果に優れていて消化器系を健康にしてくれるの。

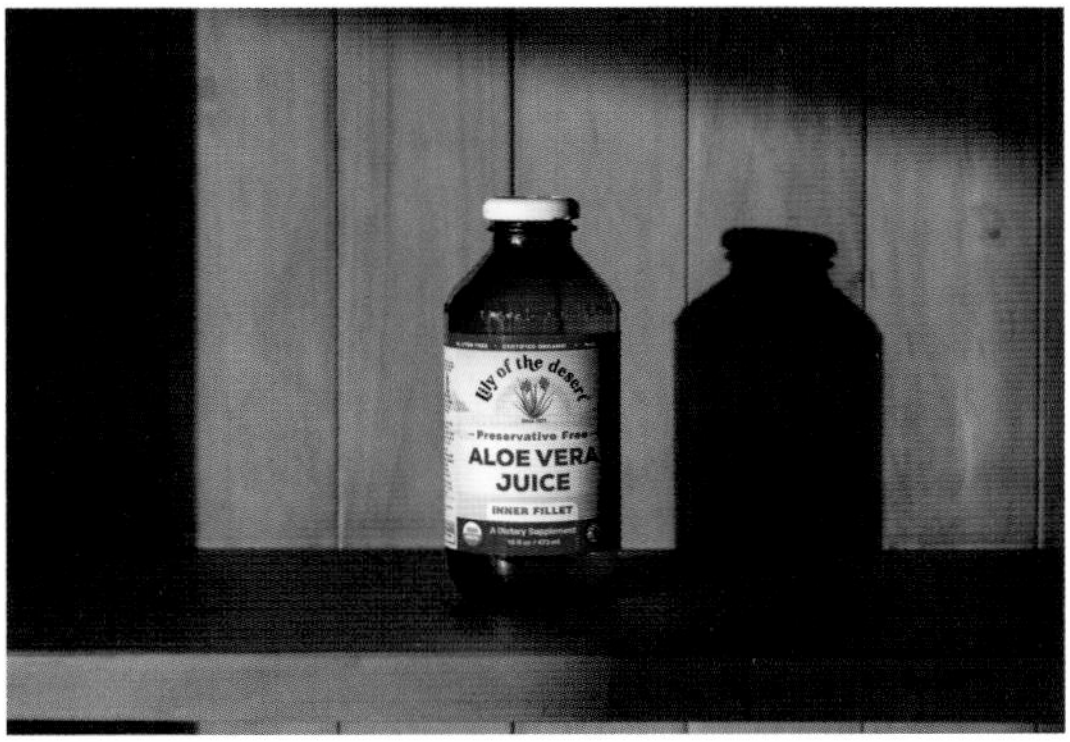

アロエベラジュース。アロエベラもまた奇跡の植物！　鉄分、ミネラル豊富で胃腸の働きを整えてくれる。外皮に含まれるアロインという成分は子宮を収縮させる作用があるから妊娠中はアロインの含まれていないものを！

第2章

食べることは

生きること

わたしにとってのバランス食

家で食べる地味な和食がいちばん好きだけど、誰かに誘われて行くおしゃれなレストランの贅沢《ぜいたく》な食事もたまには楽しんでいます。たとえ普段選ばない調味料や食材を使っているお料理だとしても、「今日は楽しむ！」と決めて、お気に入りの服を着てメイクをして、雰囲気を五感で堪能する。

家で作る地味ごはんのアイデアは、意外にもこんな一流シェフが作る最先端のお料理からもインスパイアされています（笑）。

わたしは胃腸が強くないので消化に負担がかかるトランス脂肪酸や脂こってりのお肉、代謝するのに時間がかかるＭＳＧ（うま味調味料）などを食べるとすぐお腹をこわしたり、翌朝起きてしばらくしてもなにも食べたくなかったりするので、そういうときは無理に朝食を摂ったりせず、一度体をリセットするようにしています。

リセット方法は簡単で、油っぽいものを食べ過ぎたらしばらく油を控えたり、糖質を摂り過ぎたら野菜中心のメニューにしたり、逆に生野菜など体が冷えたり消化しづらかったりするものをたくさん食べたときは体を温めて消化のよい生姜のスープを作ったり。目安は健康的にお腹がすくかどうかと、朝目覚めたときに体が軽く、前向きな気持ちで清々しく一日を始められるかどうか。栄養のバランスは1週間単位で考えるとバランスが取りやすいので、月曜日から日曜日まで家族みんなが食べたものを把握しておくようにしています。

わたしにとってのバランス食とは、ルールで縛らず臨機応変に体の声を聞きながら、料理や食事を楽しんで日々を過ごす、という感じです。

食べたもので体は作られていく

お砂糖と添加物で育ったようなわたしですが、娘が生まれてからはずっと子どもたちに食べさせるもののことで頭がいっぱい。

娘の離乳食が始まった今から8年ほど前、それまでは毎日その日の気分で食べたいものをなんとなく食べて過ごしていたけど、人生で初めての食事をするこの新しい命には一体なにを食べさせるべきなのか、それまで考えたことのなかった食について深く考えるようになりました。

美味しいからという理由で選んできた食べ物は、いったいどこで誰がどんなふうに作っていたものなのかや、農薬、添加物、砂糖、小麦粉、遺伝子組み換え作物（GMO）、化学調味料、精製塩、肉食、草食などについて調べ、子どものうちはわたしたちが与えたものしか食べないのだから、なるべくベストなものを与えたいと思い、その時々でいいと思うことを色々やってきました。

フルーツをたくさん食べてみたり、ヴィーガンになってみたり、乳製品を抜いてみたり。その結果わたしたち家族の体質に一番合っていて人気なのは和食で、ハワイで暮らしていても基本的には和食を作って食べています。

わたしは日本のおばあちゃんの昔ながらの知恵が大好きで色々な本を読んだけど、その中のひとつに「台所に立つ人がその家のお医者さん。台所が家族の健康を守る」と書かれているものがあり、その言葉が心に響いて今でもそれを思い出しながら日々料理に励んでいます。

和食って食べたあとに体が重くなることもないし、こういうものが体に負担がかからないんだなぁと感じることができる。

お味噌汁やお漬物などの発酵食品、消化にいい青魚のタンパク質と良質なあぶら、海藻からはミネラルがたっぷり摂れるし、黒ごまからは体を温めるエネルギーと鉄分をもらえる。

お米は酸化しないように玄米で買って炊く前に精米するのが好きです。

精米機は値段もそんなに高くなく、色んなデザインのものが出ているのでひとつ持っていると重宝します。

玄米は消化に負担がかかるのであまり食べないけど、外食をしたりしてデトックスしたいなという週の週末に、びっくりするほどよく嚙んで（一口１２０回くらい！）家族で食べています。玄米は発芽モードにしないと発芽毒があるので、前の晩から８～12時間水に浸けてから炊いています。一日の始まりの朝ごはんには消化がよく、胃腸を温めてくれるおかゆを出すことが多いので、おかゆに飽きないようにちょっとずつトッピングを変えていくのがささやかな楽しみ。

白砂糖は使わないので和食を作るときにはみりんで甘みを出しています。


食べることは毎日のことなので神経質になり過ぎず、でも5年後、10年後の体のことをいつも考えながらその時々でベストだと思うものを積み重ねていきたい。体に負担のかかるものを食べたときは一食抜いたり炭を飲んだりたくさん汗をかいたりして、毒素が蓄積される前にデトックスするようにしています。

間食事情とお茶の素晴らしさ

精製された白いお砂糖を食べなくなってから、間食をしたいとあまり思わなくなりました。

お砂糖のＧＩ値はとても高いので、食べると一気に血糖値が上がりそれを調節しようとこんどはインシュリンが出過ぎて低血糖になる。

そして低血糖になると体がだるくなって血糖値を上げたくなるから、また無性に甘いものが食べたくなる。この悪循環から抜け出すために甘いものを我慢した期間はわたしの経験では１週間。

なんとか気を紛らわせて１週間が過ぎたころ、血糖値が安定してきて以前のように甘いものを欲しくなくなりました。

でも今も周りには甘いものが溢れていて、誕生日のお祝いでケーキが出てきたり、レストランからのサービスで食後に極上のデザートが出されたり、そんなときは今日だけと食べてしまうときもあるし、今甘いものを抜いているので気持ちだけ、と食べないこともあって、それは臨機応変にその日の自分と相談して決めています。

娘には言葉で話してわかるようになるまではお友達のお誕生会やみんなとのバーベキューでもお菓子やジュースなど、一切甘いものは与えませんでした。

言葉で伝えてわかるようになってからは、甘いものを食べると体がどうなるのかわたしの知っている知識を教えて、学校やお友達の家など、外で出てきたものを食べるか食べないかは本人に任せています。

家でどうしていくかは夫と子どもたちと話し合ってルールを決め、甘いおやつを作るときなどは、家ではお砂糖は使わず低ＧＩのアガベシロップや非加熱の蜂蜜を使ったりしています。

蜂蜜はどの花の蜜で作られたかでＧＩ値が変わるらしく、高ＧＩのものもあるけどアカシア蜂蜜などはＧＩ値が比較的低いそうです。

ただ、アガベも蜂蜜も熱を加えると変質してただの糖分に変わってしまうので、食べるときはなるべく火にかけずそのまま使うように心がけています。

子どもたちには米粉でおやつを作ったりアサイーボウルを作ったりしています。フルーツに関してはたくさん食べていた時期もあるけれど、フルーツ自体が陰性食品が多いので体が冷えて合わないなと感じてからは、わたし自身はあまり積極的には食べないようにしています。

ただ子どもたちには添加物が含まれている加工されたお砂糖たっぷりのお菓子よりよっぽどいいと思い、甘いおやつとしてフルーツも食べさせています。

ベリー系など皮ごと食べるフルーツはとくに農薬に気をつけていて、オーガニックのものが手に入らないときは農薬を浮き出して洗い流せる珊瑚パウダーなどを使っています。

家族の食べるものを管理しているわたしとしては、美味しいしさらに栄養も摂れるものが大好きで、効能の高いお茶は常備しています。

うちの定番は三年番茶で、もちろんノンカフェインを選んでいるから子どもたちも飲めるし、３年寝かせることで陽性食品に変化するので体を温めてくれる。

冷たいお茶が飲みたくなるハワイの暑い日は、三年番茶を冷やして飲んだりしています。

それ以外にも柿の葉茶やどくだみ茶、スギナ茶やレッドクローバーティーが好きで常備しています。

レッドクローバーティーはエストロゲンを豊富に含むとてもエネルギーの強いお茶で、がん予防にもなるそうです。

わたしは水分を溜めて浮腫みやすい体質なので、喉が渇いて必要だと感じる水分量しか摂らないようにしています。

食事のときに水分を摂り過ぎると消化液が薄まり消化に悪いので、家族みんなに一度の食事でお味噌汁は1杯まで、お水やお茶も必要以上に飲み過ぎないでねとお願いしています。

オーガニックガーデン——土は全ての基本

わたしは基本家で仕事をしているんだけど、ちょっと休憩するときには真っ先にガーデンへ行って、せっせと土いじりをするのが最高の気分転換。

土を触るってとても心地よくて、あのなんとも言えない気持ちは他では味わったことがない特別な時間。

副交感神経が活発になるのか心のざわつきが鎮まり、芯から健康になっていく感じは瞑想にも似ていて、この独特な感覚は土いじりでしか味わえないからずっと夢中になってしまうんだけど、ガーデニングを誰かに教わったりちゃんと勉強したわけじゃないから未だに失敗も多く、だからこそ見事成功したときの収穫なんて感動もの。

娘は小さいころからガーデニングクラスを受けているので、わたしよりも知識を持っていて、いつも色々教えてくれる頼れるパートナー。

トマトやキュウリ、ケールやオクラ、ナスなんかはもう庭で簡単に育てられるようになって、ハーブも一通りの種類を育てているけど、ハワイの気候に合わないのかシソだけが未だにどうしても上手くいかない。

子どものころ山や空き地に出かけては木の実を探して両手いっぱいに集めていたんだけど、息子は小さいときのわたしみたいに庭中の木の実を捥《も》いではパクパク食べるのが趣味。

そんな子どもたちを見ているとわたしの心はとっても満たされて、子どもたちを優先してこの生活を続けてきてよかったなとしみじみ思うのです。

オーガニックの腐葉土（＊注）を買ってきて庭の土に混ぜると、娘は「こんなの泥団子が作れない偽物の土！」と言うのだけど、それがみるみるうちに泥団子の作れる本物の土に変化していく様を目の当たりにすると、菌好きのわたしは土のエネルギーを讃えずにはいられない。

素手で土を触ったり、裸足で土を踏みしめてみる。子どものころは当たり前にしていたその行為が、いつの間にかこんなに特別なことになってしまっていた。

時々思うの。現代の暮らしは、土から離れ過ぎてしまったんじゃないかって。土は、全ての基本だと思うから。

東京に住む友達が、あんたの家はお庭があるからいいよねと言うので、家の中やベランダでもハーブや小さな野菜が育てられるキットが色々あるよと提案してみたら、次の週にさっそく素敵なキットをゲットして今では彼女のベランダはハーブ園のようになっているの。

わたしの提案を取り入れてくれてとても嬉しかったし、どこにいたってできることはたくさんあるねと彼女は言った。

土いじりがとまらないわたしのこれからの計画は、バックヤードの一角に大きなガーデニングスペースを作ること。そして、大物の栽培にもチャレンジしてみようと思ってる。

自分で育てた野菜を使うと日々の料理も一段と楽しくなるし、子どもたちも大切なことを知ることができたりと食育にもいいことだらけ。

いつかジャングルに暮らして木々に自然と生《な》った果物を食べたり、広大な土地で自然農法をしたりするのがわたしの夢♡

＊注：腐葉土…植物や作物を育てる土を改良するための堆肥《たいひ》の一種

庭の小さなオーガニックファーム。ハワイは一年中暖かいけど、やっぱり春になってくると植物がいきいき。この黄色いお花はカレンデュラで、インフューズドオイルに使おうかなと思っています。他には、エキナセアやラベンダー、アボカド、Lolita surinam cherry（日本語名がわからなくて）の木、オレンジの木、アロエなどなど色々育ててみています。
でも、わたしはまったく知識もなく、全部独学で、問題が起きたら調べたり、詳しい人にたまたま聞けたら聞いたりと、なんとなくやっているんだけど、それでもこんなに元気に育ってくれて、とっても嬉しい。種から植物が少しずつ育っていくのを毎日見たり、食べごろになったら収穫したり、意味もなく裏の庭に出てこの子たちを眺めるのが、とても気持ちよくて大好きな時間です。

庭で育てている野菜たち（右上写真）。トマトは赤くなった瞬間鳥さんに全部食べられてしまうので、ガーデニングに詳しい四角大輔さんに相談して赤くなる直前で収穫して追熟させることにしました。上の写真は、ケールとイタリアンパセリと小ネギとバジル。ハーブや薬物は、料理するときに使う分だけ収穫します。

水の大切さ

第三子妊娠中の今、水の大切さを改めて感じてる。

この妊娠は今までで一番初期のつわりがひどくて、水を飲むのも気持ちが悪かった。なにが気持ちが悪いって、どんなにお気に入りのフィルターをダブルで通した水だとしても、水の中にどうしても目には見えないナノプラスチックが混入している気がしてしまうのだ。喉が渇いているのに水を飲みたくないという最悪な日々が続いてた。

でも第三子を妊娠する前は家の水が一番美味しくて、ペットボトルで買うミネラルウォーターこそプラスチックの味がして飲めなくなっていたから、本当は家の水が今の生活の中ではベストなはずだとわかってはいたんだけど。

推定週数11週のころになると（独自の妊娠期間を送っているので、週数はあくまで推定です・笑）すっかりつわりも治まり、また家の水が美味しく感じられるようになったけど、そのとき改めて色々思い出したの。

昔はね、ひとつお気に入りのミネラルウォーターのブランドがあって、基本的にはそのお水しか飲まなかったし、それが手に入らずたまに他の水を飲むと、ああ、やっぱりわたしがいつも選んでる水は他とは違うな、あっちのほうが美味しいな、と思っていた。

でも家のフィルターを通した水を飲むようになってからは、そのお気に入りだったとっておきのミネラルウォーターだとしても、プラスチックの味がするし不自然さを感じるようになった。

水は空気の次に重要だから、ニュージーランドに住む四《よ》角《すみ》さん（編集部注：執筆家、P234の対談にも登場）のように汚染されてない湖の地下水を毎日飲めたら最高だけど、ハワイにそんなことができる場所はないから、今置かれた状況の中で最大限いいと思えるものを飲んでいたい。

わたしの家は大元の水道管に浄水器をつけているから、家中どの蛇口を捻ってもトイレですらそのフィルターを通した水が出てくるようになっていて、下水に返す水も綺麗にして戻しているという自負がある。

ペットボトルを買わない癖が一度つくと、仕方なくペットボトルを買うときのなんとも言えない気持ちを知る。たったこれだけの水を飲むためにまた地球に還元されないゴミを増やしてしまった……！と。

だから自分のためにも地球のためにも、今置かれている状況のなかでのベストな水はまずなによりも先に確保したほうがいいよね。

最近は素晴らしい浄水器もフィルターもたくさん出ているものね！

野菜やお米を研ぐ水も、できれば塩素などの薬品を除去したいよね。

浄水器をつけていなかったころ、キッチンで野菜を洗っているときにこれはさらに汚しているのかどっちなんだろうと思いながら塩素たっぷりの水で野菜を洗っていたもん。

お肉をやめたその後

我が家がお肉を食べるのを完全にやめて数ヶ月が経ったころ、ふと気づいたことがある。

夫のイラつきが、格段に減ったのだ。

彼は普段からとてもイラつきやすくわたしと娘はそれがとても苦手で、彼がイラつき始めるとお互いに「パパ、今あれだよ」とそっと教え合い、被害にあわないようにそれとなく彼と距離を置くようにしてきた。

家の中の雰囲気がとても居心地の悪いものになるから、わたしたちは彼がイラついている時間をとても嫌っていた。

でもお肉をやめてからというもの、その頻度は格段に減ったのだ。

あるとき、家族でそのことについて話し合った。

娘　なんか最近パパあんまりイラつかなくなったよね。

わたし　確かに！　最近、なにか変わったことってあったかな。

娘　ママと、パパ今あれだよってあんまり言ってないもんね。

わたし　うんうん!!　そういえば、お肉を食べるのをやめてからだよ！

彼　そうだっけ？

わたし　イラつく頻度が半分以下になった！　もっとかも！

娘　うん、半分よりもっと減ったよ。

彼　確かにそうかも。

わたし　これは絶対、お肉をやめたことと関係があると思う!!　イラつく頻度がこんなに減ると、自分でも楽なんじゃない？

彼　うん。思い返すと本当にそうかもね。確かに、イラつかないでいられるのはすごく楽。

わたしと娘　まさか、こんなところに影響するなんて!!

と、これはある日のわたしたち家族の会話だけど、お肉をやめた彼にこんな変化が起こったのである（わたしたちがお肉をやめた理由については第5章で詳しく書いたので後ほど読んでいただけたら嬉しいです）。

最初は彼もわたしもそのことについて半信半疑だった。

でも、今は確信してる。

思えばわたしたちの体は、食べたもので作られている。ダイレクトに体内に入れるもので健康状態やマインドが変わって、当然なのだ。


人間に食べられるためだけに生まれてきた経済動物たちが殺されるまでに受ける不当な扱い。閉じ込められ、本能に反する生活を強いられ、本来食べるものではない食べ物を与えられ、命としてなんの権利も持つことができず、助けを求めることすらできず、恐怖と痛みのなか殺されていくその悲しみや悔しさ。

そういった目には見えないものが体の中で毒物や異物として反応して、食べた人間側のイラつきや不安、悲しみという不快な症状で現れても、なにも不思議ではない。


それに、お肉は消化にとても負担がかかる食べ物で、体外に排出されるまで40時間以上体の中に停滞し腸内環境を悪化させることもある。

人間の体温より遥かに高い温度の動物の脂がわたしたちの体に入ると、冷えて固まって血管を詰まらせてしまうこともあるらしい。

単純に考えて体の中に停滞しているものがあるだけでも、イライラする原因になるように思える。

人間は本来、常にポジティブなことを考え、穏やかで、多少のことでは悲観的にならず前向きに捉えることができる生き物だったのではないか。

それが、すぐネガティブに受け取ってしまったりイライラしたりするような場合、自分はこういう人間だと思い込んでしまったりするけれど、実はそうではなくて、そうなってしまっている目には見えない物理的な原因があるのかもしれない。

余談だけど第三子妊娠初期に玉ねぎとニンニクを受け付けなくなり、今もそれらをほとんど抜いた食生活を送っている。ねぎ類やニンニク、ニラやらっきょうなどもまた、消化するのに体に負担がかかる食べ物だと思うようになった。

もちろん玉ねぎは血をサラサラにしてくれたり、ニンニクも栄養豊富な食べ物だけど、食べ方によってはそれらを消化、代謝するためのエネルギーが、結局は摂取した栄養を上回るんじゃないかと感じるようになった。

特に、わたしは消化する力が強くはないから余計にそう感じてしまうのだろうけど。

生の玉ねぎを食べるとしばらく体の中がヒリヒリしているように感じるし、ニンニクを食べ過ぎると興奮したり怒りっぽくなったりする気がする。

そのくらいわたしたちは食べたものに支配されているんだということを改めて考える

いいきっかけになった。

話はお肉に戻るけど、こんなことを一方的に突きつけられてどうしたらいいんだと思っている方もいるかもしれない。

お肉を完全にやめるのはとても大きなことだし、置かれた環境によっては難しいかもしれないけど、週に１日肉食を断つ日を作るミートフリーマンデーはどうだろうか。人々がたった週に１日お肉を食べない日を作るだけで、食糧危機や地球環境は驚くほど改善されるという統計結果から、ニューヨークシティにある全ての学校の給食はミートフリーマンデーが実施されていたりして、世界中に広がっている。

日本でもミートフリーマンデーを実施しているレストランもあるし、週に１日お肉を食べないだけで著しく環境汚染が改善され、数え切れないほどの救える命があるなんて、それに乗らない手はない、とわたしは思う。

世界中でもっとミートフリーマンデーが広まってほしい！

またまた余談だけど、第三子を妊娠してから、もう食べたくないはずのお肉を欲することが何度かあった。

ずっとお肉を食べていたわたしの体はお肉から簡単に摂取することのできる栄養を熟知しているんだろう。習慣を変えるのは簡単ではないけれど、知識で対抗することはできると思う。たとえば今のわたしはお肉以外からタンパク質やビタミンB_{12}、鉄分などをしっかり摂れるように栄養についてよく調べ、お腹の赤ちゃんや育ち盛りの我が子に十分な栄養を与えられるように日々新しい調理法を楽しんでみてる。

意思とは無関係に食への執着からお肉を食べたくなるたび、牛や豚や鶏の顔が頭に浮かび、彼らの味を知りたくなかったと心から思った。

うちの庭に暮らしている鶏たちや、ＳＮＳでいつも見ているサンクチュアリーに保護された牛や豚は、とてもフレンドリーで人間と心を通わせることができて、本当にかわいい。わたしたちが家族と同等な感覚で一緒に暮らす犬や猫と彼らの差は、一体なんなのだろう。

経済動物と愛玩動物を勝手に決めたり、駆除してみたり保護してみたり……。人間の都合で引いている、わたしたちらしいあまりにも身勝手な境界線。

世界で起きている問題を知れば知るほど全ての原因は同じだということに気づく。

この経済至上主義の世界で利益だけを追求した一部の企業が不都合な現状を隠した広告を見せ、消費者に目隠しをして、弱い立場のものから自分たちが大きな利益を得るための搾取を続ける。

消費者である目隠しをされたわたしたちは、なるべく誰でも買えるように安く作られたお肉をお金という道具を使って正当な形で好きなだけ食べ、自分たちの欲を満たす。

安さの代償を払わされているのはいつだって弱い立場にある人間や動物たちで、わたしたちは知らぬ間に自分より弱い立場のものからの搾取に加担している。

一部の企業が儲かるために、自分たちの日々の欲を満たすために、見えないどこかで苦しむ人々や動物がいて、地球の環境が破壊され続けていても、わたしたちには本当に関係がないことなのか。

世界中の人たちにこの現状を知るきっかけが行き渡れば、いつか動物搾取はなくなっていくんじゃないかとわたしは思ってる。

わたしがもう毛皮は買わないと公言したときに、モデルという仕事をしているのになにを言っているのかと周りの人の頭を抱えさせたけど、その数年後から数々のブランドが動物の毛皮を使わないエコファーを発表し、今ではそれを選ぶことが当たり前になっている。

それと同じように今ではプラントベースで作られたとても美味しい代替肉もたくさん

出ていて、アメリカではヴィーガンハンバーガーやヴィーガンホットドッグなんてよく見かけるし、日本にも植物でできたフェイクミートを出す焼肉店も登場し、世の中の流れは間違いなく変わってきてる。

いつか、昔の人は自分たちが食べるためだけの動物を育てて、殺して食べてたんだって！　と、語られる日がくるかもしれない。

そんな予感を感じながら今日もわたしは、動物たちに「ごめんね」と「ありがとう」を心の中で繰り返し唱えてる。

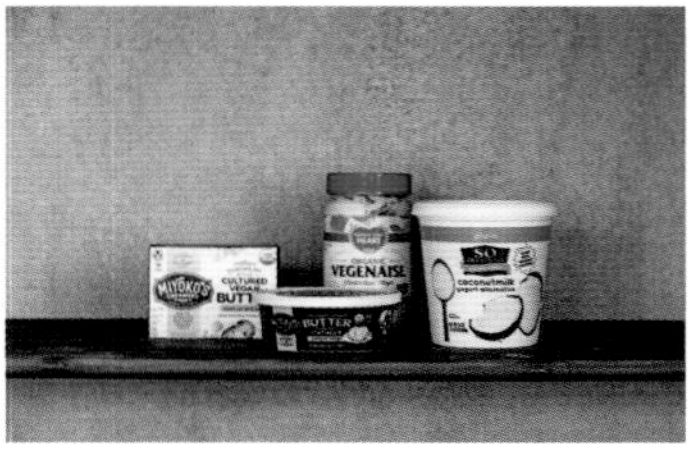

乳製品をできる限り摂らないようにしているので、代わりのものたち。左と真ん中手前はヴィーガンバター、奥はヴィーガンマヨネーズ、右はココナッツヨーグルト。

こんなふうに並べるとまるで撮影するために買ってきたみたいだけど、家族みんなプラントミルクが大好きで、この種類はだいたいいつもうちに常備してる。左からマカダミアナッツミルク、アーモンドミルク、オーツミルク、ライスミルク、ソイミルク。

グルテンフリーパスタも常備。味が染み込みづらかったりべちゃっとしたり、小麦粉のパスタより調理が難しいので、レシピによって使い分けてる。

もう10年以上白いお砂糖を買ってないけど、代わりに甘くしてくれるメンバーたち。左からメープルシロップ、アガベシロップ、ローハニー、みりん。わたしの和食の甘みは全てこのみりんで味付けしています。

自家製味噌と自家製みりん、自家製コンブチャ。味噌は甘口と中辛。１年以上寝かせようと思ってる。

第3章

オーガニックな子育て

洗わない育児

数々の自己流育児を勝手に編み出してきたわたしですが、その中のひとつに『洗わない育児』というお気に入りのやり方があります。

一人目の娘が産まれたとき、わたしは手もキッチンもなにもかも消毒する除菌マニアでした。

もちろん娘を触る前も手をよく洗って消毒していたし、娘が使うものも一回一回煮沸をしたりと、目に見えない菌との戦いにわたしはなんの違和感も持っていませんでした。なんにも汚れていないまだ赤ちゃんの娘をわざわざ泡で洗っていたのは、「そうしなきゃいけない」と思っていたから。

でも娘の肌が乾燥しているときがあって、なにも汚れていない赤ちゃんのふわふわな肌をわざわざ泡で洗う必要があるのだろうかと疑問に思い、肌のバリア機能や常在菌について調べ始めました。

その結果、除菌マニアだったわたしは考えがガラリと変わり、娘にはシャンプーも石鹸《せっけん》も歯磨き粉も使わず、家の除菌グッズはいつの間にかなくなっていました。

娘がどろんこになって帰ってくると綺麗好きな彼は嫌がるけど、わたしはせっかくそんなに綺麗な土がいっぱいついてラッキーなんだからあんまり洗わないでと思っちゃうくらい、菌の大切さと偉大さを知りました。

息子は自宅で出産をしたから沐浴《もくよく》はさせず、産まれてくるとき体中についている胎脂もそのままにして、オーガニックコットンのタオルで優しく包んだだけ。赤ちゃんの肌はサイクルが整うまでに1年はかかり、胎脂は産まれたての赤ちゃんの肌を守ってくれる役割があるのだそうです。


2歳の息子は未だに洗ったことはなくて、おむつをしていたころはオーガニックのおしりふきや、カレンデュラや三年番茶を煮出し、コットンに浸して拭いたりとお尻まわりはもちろんいつも清潔にしていたけれど、それでも石鹸やボディソープを使ったことは一度もないし、不必要にお風呂やシャワーも入れない。

汗をたくさんかいたときや排気ガスなどで空気の汚れた場所へ行ったときは泡は使わずお湯で流すだけ。

8歳になる娘も未だにそうだから、よく人から「臭くなったりしないの？」と聞かれたりするけれど、まったくそんなことはなくて、娘も息子もナチュラルで素朴な、甘〜い匂いをさせています。

わたしも最大で９ヶ月間連続でシャンプーもコンディショナーもなにも使わない湯シャンをしていたことがあるけれど、長年シャンプーを使ってきたわたしの場合、初めの数週間はどんなにお湯で洗っても脂ぎってベトベト。でもそれを過ぎたらだんだんと脂が収まってきて、数ヶ月も経つと頭皮がもとの自然なサイクルに戻り、シャンプーをしたときのようにサラッサラにはならないけれど、脂も出過ぎずとても心地よい状態になりました。

わたしが９ヶ月もの間湯シャンを頑張っていたのに、夫の前を通りかかったとき、うちは妻が目の前を通り過ぎてもシャンプーの匂いがフワッとしてくるなんてことはもうないのか、と言われ、彼もたいして深く考えていたわけじゃなく半分冗談なのはわかっていたけど、その夜からシャンプーを再開しちゃったのはわたしの乙女心です。

でもね、その９ヶ月を経て、毎日シャンプーしなくても全然脂ぎったりしなくなって、今でも定期的に湯シャンの日を作っています。

わたしの話はさておき、洗わないエリートの息子は、今まで一度も肌のトラブルはなく、常にしっとりもちもち。体も強く、今まで出した2回の熱は突発性発疹と友達の間で流行《はや》りまくっていた手足口病《てあしくちびょう》で、一気に高熱が出て、一気に治る健康優良児。きっと体中たくさんの常在菌にガードされ、腸内細菌叢《そう》もいいバランスで保たれているんだと思います。羨ましいなぁ。

それに基本洗わないってお風呂の時間に追われなくって母子共にすっごい楽。

もちろんコロナ禍では手をよく洗ったり、ものによっては消毒することも再開したけど、ウイルスに打ち勝つためにも常在菌は大切だなぁと思う日々です。

おむつなし育児

わたし流おむつなし育児のやり方を振り返ってみます。

二人目の子は、つかまり立ちができるようになったらおむつなしを始めようと決めていたので、９ヶ月くらいからおまる［→p.164］でさせるようにしました。

まずおむつなしで一番重要なことはおむつを脱がせる、ということ。

それまで１００％おむつに頼った日々を送っていると、おむつを脱がせるなんてとても恐怖なのはよくわかります。

でも、まずは脱がせることから全ては始まるのです。

温かくなってきた春ごろに始めるのもいいと思います。

自分が見ててあげられる1時間でもいい。

ノーパンにして、とりあえずおまるに座らせてみる。タイミングよく、おまるでおしっこしてくれちゃったときの感動なんて半端ないです。

そして、どこでされてもいいように準備は万端に。

おむつをずっとしっぱなしだった子は、おしっこを自分でも気づかず突然してしまうことが度々あります。

そんなときはどうか顔色ひとつ変えずに、「しーしーしー」と言って、これは「しーしー」という行為なんだとわからせてあげるといいと思います。

大事なソファやラグでしてしまったとき、きゃ〜！ と言ってしまったり、「ここでしたらだめでしょ！」と言ってしまうとベイビーが排泄の行為自体がいけないことなんだと思ってしまうので、どこでされても、たとえ心の中で叫んでいても、ベイビーに向かって「しーしーしー」とひたすら唱える（笑）。

それをできる余裕のあるタイミングを作って続けました。

おむつをしっぱなしになってしまっていて久しぶりに外すと、おしっこの回数がなぜだかとても増え、こきざみに排泄するのですが、しょっちゅうおむつなし時間を作っているときは排泄の間隔があいていて、なんとなく出ちゃっているのではなく、一回一回しっかりと意思を持っておしっこをしているのがわかりました。

もちろん最初は自分でおまるに行かないので、タイミングを見計らうのはわたしの役目。

そう決めてしまえば粗相されても自分のせいなのでイラッとせずベイビーに対して「ごめんねー」という気持ちで接していられます。

そしてこれはだいたいのお母さんたちがしているかもしれないけど、自分がトイレに行くときにその一部始終を見せたり、「しーしーしー」と言いながら用を足して教える。おかげでわたしは未だに一人のときもつい「しーしーしー」と言いながらしてしまうときがあるのですが（笑）。


上の子のときはこんなにおむつなし時間を作っていなかったし、おむつなしという言葉も知らなかった。

布おむつをたまに使っていたのと、なんとなく罪悪感を感じながらノーパンタイムを少し作っていたくらいで、基本はどこかのサイトで買えるイギリスから取り寄せるオーガニックおむつをはかせていました（ベイビーにはおむつをはかせていることのほうが当たり前という感覚だったので、脱がせているあいだに漏らしてしまったらどうしようとか、ベイビーのおむつを外していること自体非常識だと言われるんじゃないかなど、誰かの価値観に勝手に罪悪感を感じるような、まだ自分に自信が持ちきれず色々吹っ切れていないわたしでした）。

そんなふうに恐る恐るたまにノーパンにさせていた上の子と、はじめから堂々とおむつなしをしていた下の子のおむつ外れはやっぱり全然違いました。

まず、下の子は一切トイレトレーニングというものをせずにお互いなんの苦労もストレスもなくいつの間にかおしっこもうんちも確実に自分でおまるでするようになりました。

娘は、おしっこはおまるでできるようになってからも、うんちをするためにわざわざおむつをはいて一人で子ども部屋の隅っこに行かないとできなかったりと、その違いは歴然。

息子のおむつなしを通してわたしはたくさんの感動を手に入れました。

ひとつは息子に対する誇らしさ、一緒に新しいことを成し遂げた絆と、改めてどんなことにも自由に堂々とチャレンジしていいんだという自信。息子のおむつなしを反対せずわたしの決めたやり方で一緒に取り組んでくれた夫に「これはamazingだね！」と驚きながら喜ばれたこと。

なにより、ベイビーと自分にとって難関と言われているおむつ外しがお互いなんのストレスもなくあっさり終わったことに、わたしは満たされた気持ちでいっぱいになったのでした。

自宅出産

二人目は、自らの希望でハワイの自宅で産みました。

自宅出産をしたと言うとだいたいの人がすごくびっくりして、病院に行くのが間に合わなかったの？　と聞かれたりします（笑）。

上の子は、ハワイの病院でアメリカではスタンダードな無痛分娩をしました。

初めての出産は正直どんなふうに産みたいとか、とくに理想も希望もなく、どこで産んでも同じでしょ？　というくらいドライに考えていたんです。

アメリカの病院では麻酔を使わないで出産すると、普通分娩を見たことがないドクターがたくさんいるから、出産中分娩室に麻酔なしの出産をドクターたちが見学にくるという話を聞いて、それは嫌だなと思い、だったら無痛でも別にいいや、それくらいの軽い気持ちでした。

でもいざそのときがくると、わたしにとってあれもこれも全部違和感だらけの、それはそれは居心地の悪い空間でした。

陣痛が始まり病院に駆け込むと、そこからは謎の検査の嵐。

お腹がすいてもなにも食べちゃダメと言われ、なんのためかわからない点滴に繋がれ、ガタガタ震えるような寒い部屋でペラペラの服に着替えさせられ、あとはただただナースに言われるがままに時間は過ぎていきました。

陣痛でとてもじゃないけど人の話なんて聞く余裕もないときに、麻酔を打つための承諾書に何枚も何枚もサインをさせられ、麻酔が効いてくると足の感覚はまったくなくなって自分で体の向きを変えることもできなくなり、わたしの足はついているか本気で彼に何度も確認をしたり、いよいよ産まれるというときには芯まで冷え切った体でそのまま分娩台に固定され、まるで産まされているかのような時間でした。


分娩台の上でわたしはこっそり、これはもう二度とやりたくない。絶対に、やらない！と自分の中で誓いました。

それでももちろんベイビー誕生の瞬間には心から嬉し泣きをしたし、ベイビーと過ごす新しい日々はそんなことどうでもよくなるくらい全てが癒されていく感動を味わいました。

だけどわたしは自分との誓いを、忘れなかったのです。

二人目の妊娠中、わたしは二度とやりたくない『あの時間』を回避すべく、あらゆる可能性を模索して、まずは疑問に思ったひとつひとつにはどんな意味があったのかを調べていくことにしました。

調べた内容は、陣痛中から産まれるまでなぜなにも食べてはいけなかったのか、あの点滴はなんのためだったのか、分娩台はなぜあの形なのか、痛過ぎて内容なんて確認できず、言われるがままになんとかサインした莫大な量の承諾書には一体どんなことが書かれていたのか。

赤ちゃんが産まれてすぐにへその緒を切ってしまうのはなぜなのか、わたしの胎盤はどこへいったのか、麻酔を使うことで起こる体への負担や、陣痛促進剤と呼ばれている人工オキシトシンについてなどなど。

そう、わたしはしつこいのです。

気になったことの全ての理由を調べ、自分なりにひとつひとつに答えを出してから、問題ないと判断できるのであれば、次はなにも手を加えることなく思うがままに産みたいと強く願い、どんな方法があるのかリサーチしました。

日本のお産婆さんや助産院の素晴らしさも知り感動したけれど、わたしが産む場所は

郵 便 は が き

1 5 1 0 0 5 1

お手数ですが、
切手を
おはりください。

東京都渋谷区千駄ヶ谷 4-9-7

(株) 幻 冬 舎

書籍編集部宛

ご住所 〒 都・道 府・県	
	フリガナ お名前
メール	

インターネットでも回答を受け付けております
https://www.gentosha.co.jp/e/

裏面のご感想を広告等、書籍の PR に使わせていただく場合がございます。

幻冬舎より、著者に関する新しいお知らせ・小社および関連会社、広告主からのご案内を送付することがあります。不要の場合は右の欄にレ印をご記入ください。

不要 □

本書をお買い上げいただき、誠にありがとうございました。
質問にお答えいただけたら幸いです。

◎ご購入いただいた本のタイトルをご記入ください。

『　　　　　　　　　　　　　　　　　　　　　　　　　　　　　　　』

★著者へのメッセージ、または本書のご感想をお書きください。

●本書をお求めになった動機は？

①著者が好きだから　②タイトルにひかれて　③テーマにひかれて
④カバーにひかれて　⑤帯のコピーにひかれて　⑥新聞で見て
⑦インターネットで知って　⑧売れてるから／話題だから
⑨役に立ちそうだから

生年月日　西暦　　年　　月　　日（　　歳）男・女				
ご職業	①学生	②教員・研究職	③公務員	④農林漁業
	⑤専門・技術職	⑥自由業	⑦自営業	⑧会社役員
	⑨会社員	⑩専業主夫・主婦	⑪パート・アルバイト	
	⑫無職	⑬その他（　　　　　　　　　　）		

ご記入いただきました個人情報については、許可なく他の目的で使用することはありません。ご協力ありがとうございました。

ハワイ。助産院がないのなら、ミッドワイフに家にきてもらって自宅出産をしよう！と心に決めました。

自分の中でそう思ってから彼に告げるまでは少し時間がかかって、その決意を固めていくには何冊もの本を読み、自宅で産むということに対してそれなりの知識と覚悟が必要でした。

ある程度イメージができるようになってからわたしは彼に、「わたし、家で産もうと思うんだけど、どう思う？」と聞くと、彼は少し呆れながら驚いて一息つくと、また始まったとでもいうような顔で「なにかあったらどうするの？　それだけはやめようよ」と言いました。

それだけはって、その他はひとつも候補を出していないのに（笑）。

まあいいや、それは想定内の返事だったし、そのことで揉めたくもないから慎重にわたしは話を進めました。

「なにかって、例えばどんなこと？」とわたしが冷静に返すと彼はそのとき思いつくだけの出産時に起こり得る問題を次々とわたしにぶつけてきました。

「陣痛が弱まっちゃったり、赤ちゃんにへその緒が巻き付いていたり、最悪保育器が必要だったり、母体が大量出血してしまったり……」

よーし！　きたぞー！　わたしにとってはそのほうが都合がいい。

だってここ何日間かずっと、その問題が起きたらどんな処置をしたりどう対処したりするのか入念に調べていたんだもん。

もちろん、病院出産編と、自宅出産編両方。

・陣痛が弱まったり、病院の時間の都合で早く産まないと困ると判断されたときはもともと繋がれてる点滴から陣痛促進剤と呼ばれる人工オキシトシンを打たれるが、それによって自然に分泌されるオキシトシンの7から8倍の強さの陣痛が起こり、母体にも胎児にもその分の負担がかかること。

オキシトシンはリラックスしたり幸せを感じるときに出るホルモンなので、慣れていない場所や知らない人がいて緊張すると弱まってしまう。

動物もここは安全だと思える場所でしか出産をしないけど、わたしたちも同じように、蛍光灯に照らされ機械だらけの異空間（分娩室）で陣痛が弱まってしまうのは、本能がきちんと働いている正しい反応。ここは１００％安心できると感じてリラックスすれば、自然とオキシトシンの分泌は強まる。

　陣痛が弱まってしまっても病院にいると自由にさせてもらえないけど、自宅出産なら家の周りを散歩するとか、温かいシャワーを浴びるとか、自分のベッドでリラックスするとか、自然な方法でオキシシトシンの分泌を強める方法はたくさんある。

・赤ちゃんにへその緒が巻き付いていた場合、病院ではその時点で帝王切開が決まることがほとんどだけど、ミッドワイフはへその緒が巻き付いていてもそれを確認して赤ちゃんの頭が出てくる前に外す技術がある。病院では同じく帝王切開になる逆子や双子もミッドワイフには自然分娩で安全に産ませる技術がある。

・保育器は赤ちゃんがお母さんの胸元に抱かれたときを再現して作られている。病院では保育器に入れると判断されたら病院のルールに従って赤ちゃんと離れ離れにされるけど、早産でもカンガルーケアで赤ちゃんが健康に育った例はたくさんある。母親は赤ちゃんとできる限り離れないことで産後のホルモンも出やすくなるし、どんな状況でもできる限り赤ちゃんとママが離れ離れにならないことが双方にとってのファーストプライオリティーであること。肌と肌で触れ合うことは赤ちゃんに大きな安心感を与えられて、胸元で母親の呼吸を感じることは赤ちゃんの呼吸の練習にもとても役立つこと。病院側のリスクヘッジで念のため赤ちゃんが保育器に入れられる可能性があることをわたしは了承したくないこと。

・大量出血など、もしわたしになにかあったときも病院にいたからってその処置がすぐにできる部屋やドクターが空いてるとは限らないこと。救急車で運ばれた場合、病院に同じ処置が必要な人がいても救急車で運ばれてきた人のほうが優先的にその処置を受けることになっていること。

どこにいても出産は命がけだから、そのときのタイミングや状況でなにが良かったかは事前には誰にもわかりようがないし、だけどわたしは絶対に大丈夫って前向きに考えてるよ、と彼の懸念点には新しく学んだばかりの知識で対処法を自分の感想も交えながら説明して、彼にもどう思う？　と聞いてそのことについて考えてみてもらえるように促しました。

なんでもそうだけど、自分の今まで築き上げてきた価値観が覆されるとき、まだそれを受け入れる準備ができていない段階で誰かに頭ごなしに言われると反発したくなるのはとてもよくわかる。だから時間をかけてゆっくり話し合っていければいいかなと思いながらも、その一方でちゃっかり着々と準備は進め、素晴らしいミッドワイフにも出会うことができました。

彼と一緒にミッドワイフのオフィスに行き、ミッドワイフがわたしのお腹を楽しそうに触りながら「ここがベイビーの頭よ。ここは背中。ほら、背骨がわかるでしょう？」と教えてくれて、わたしと彼はお腹ごしに触っただけで、ベイビーが今している体勢がわかるようになりました。

のちに彼は「一人目の健診ではいつもエコーで撮った写真でここが頭、ここが足、と説明されていて、言われてみれば頭なのかな、足なのかなと思って見ているより、手で触るほうが全然命の形を感じたし、ここが頭だ、これは足だってよくわかったよ。

あのころから考えが変わってきたかな。ずっと西洋医学だけが最先端と信じていたけど、ミッドワイフたちはそれとはまた違ったやり方でこんなにも知識があるんだな、自分の知らなかった世界を知って、素直にすごいなと思った」と言っていました。

わたしたちだけじゃないと思うんだけど、彼女や奥さんに言われるより第三者が言ってくれたほうがすんなり聞いてくれること、カップルのあいだではよくありませんか？

だからわたし、彼に興味を持ってもらいたいものや新しいチャレンジをしたいときは、わたし以外の誰かに伝えてもらったり、何かの記事をシェアしておくの。

事前に自分の考えをさらっと彼の耳にいれておくと、ああ、そんなことあいつも言ってたな、なるほどねってそのときようやくわたしが言ってたことを素直に受け入れてくれたりするから（笑）。

そんなふうに少しずつ彼も自宅出産に賛成していき、最後はそれがベストだと思ってくれるようになっていきました。

一番近くにいる人が一番の味方でいてくれないと嫌だから、彼も同じ気持ちで取り組んでくれるようになったことでわたしは大きな安心感を手に入れたし、自宅出産を無事にやり遂げられるという自信はもちろんあったけど、一人目は途中から麻酔を使って最後まで陣痛を味わっていないし、どのくらい痛いのか、そして自分はどんなふうになってしまうのか、恐怖がまったくなかったわけではありません。

わたしの周りで自宅出産をした人は誰もいなかったから相談できる環境もなく、その恐怖を当日までにできるだけ克服しておきたいと思い、今度は妊娠や出産で起こる女性の体の変化や自宅出産をした人たちの体験談、陣痛にまつわるあらゆる本を読みました。知ることで恐怖を克服しようとしたのです。おかげで実際の陣痛中、痛いということよりも先に、今あの人の体験談みたいだなとか、今オキシトシンの分泌が抑制されちゃってて陣痛弱まっちゃってるなとか、自分を冷静に客観視して次はこんな感じになるはずだ、本で読んだあの痛みはこれのことか。確かにこれはすごい!! と、産む直前の最後の山場がくるまでその体験を楽しむことができたし、自分で自分を励ますこともできました。

自分らしい人生を生きるためには、ちゃんと知ること、ちゃんと考えること、ちゃんとチョイスすること。

この三つの『ちゃんと』を、サボらずやりたい。

そしてその結果、自宅出産という人生で最高の経験をわたしは手に入れました。

ホームバース　喜びに満ちた中でのひとつの人生の始まり

スーパームーンの力に負け、予定日より随分と早く陣痛がきて、いざ、出産の日。

5歳になっていた娘は、わたしの大きくなっていくお腹を触っては、「ベイビーを産むときは、わたしも手伝ってあげるからね」と言っていた。

小さな子どもを出産に立ち合わせて、トラウマになったらどうするのと言われたりもしたけど、娘も何度も会ってるミッドワイフとドゥーラ（産前産後のケアの専門家）と私たち家族の自然な状況の中、たとえ出産中に何か問題が起きたとしても、生き物としての自然な営みがトラウマになんてならないと思えたから、なにも不安はなかった。

それに、大好きな日本の助産師さんが書いた本の中に、「自宅出産のとき上の子は状況をとてもよく判断し、母親のサポートを一生懸命してくれるものだ」と書いてあり、わたしはその一文がとても好きでしっくりきていた。

陣痛が始まったのは夜中で、ミッドワイフとドゥーラはパジャマのような格好でうちに飛んできてわたしの状況を見てから、もうしばらくは時間がかかるから出産に備えて休みましょう。もしお腹がすいたら、好きなだけ食べて体力をつけてね！　と言い、それぞれ自由にソファやカーペットで仮眠した。

　わたしはそんな時間にみんなでうちに集まることや、いつもと違う時間の過ごし方にお祭り気分になり、夫にああだのこうだのしゃべりかけながら産後に備えて何食分もの家族のご飯を準備していた。

　朝になり少し陣痛が強まってきたころ、娘が起きてきて、そこからはお腹が痛いのなんか忘れて、お腹すいた？　朝ごはん食べようか、と母親モードに切り替わってしまいせっかく強まってきた陣痛がすっかり治まってしまった。再び陣痛を強めるためにミッドワイフにお散歩に誘われ、家の近所をみんなで1時間ほど歩くことにした。

　それでも陣痛はあまり強まらず、娘を近所の公園で遊ばせておいてあげるから、シャワーで温まったり、ベッドでゴロゴロリラックスしながら彼とおしゃべりでもするように言われ、家に彼と二人になった。

　お言葉に甘えて少しお昼寝でもしちゃおうかなんて言っていたのも束の間、みるみるわたしの陣痛は強まっていき、もう、生まれる〜！！！！　と叫んだ（笑）。

　本で読んだ通り！　心底リラックスすると、本能が準備できたと判断し、オキシトシンが一気に分泌されたのだ。

出かけて30分も経っていないミッドワイフを今すぐ呼んでほしくて彼に電話をかけてもらう間にも、陣痛はますます激しくなっていく。もしミッドワイフが出産に間に合わなくても、多分わたしはどうしたらいいか全部自分でわかるだろうとどこかで冷静に考えていたけれど、産まれる少し前にみんな無事戻ってきて、わたし主体の思うがままの出産を終えた。

麻酔なしで決まりもなくて自分主導の自由な出産が一体どんなふうになるのかわからなかったから、彼には「もしわたしがこんな自分見られたくないと思ったら別の部屋に行ってくれる?」とお願いしていた。彼も「もちろん一番いいようにするよ」と言ってくれていたけれど、いざそのときがきたらとても彼なしでは産めなかったと思うくらいその役割は大きかった。

赤ちゃんがどんどん下りてきている最中は色々な体勢に動きたくなり、今こうしたいからここを支えて! と遠慮なく伝え、彼はわたしの希望通りの体勢が取れるように力強く支え続けてくれた。

西洋医学の産婦人科のドクターの本にも、「お産の進みが良くないときはまずは体勢を変えてみるのが一番なんだけど、現代の産婦さんは分娩台に固定されて身動き取れないから大変だよね」と書いてあったけど、いきむ段階での20〜30分間、実際わたしは何度も体勢を変えたから、やっぱり一人目のときは分娩台の上で身動きが取れなくて必要以上に大仕事になってたんだなと思った。

ドクターやナースたちはビシッとした白衣を着ているのに自分だけが病院に用意されたペラペラのパジャマを着せられている疎外感もなく、ここにいるメンバーは昨日から半分徹夜で時間を共にし、全員ボサボサの頭で同じ目的を持つ仲間だと思えることもまた、最後までリラックスしていられるとても大きな要因だったと思う。

いつも通りの自宅の部屋には自分たちが少しずつ選んできた大切なものしか置かれていない。彼とわたしの歴史がしっかりと刻まれたその部屋には緊張する要素がなにもなく、みんなの気持ちがひとつになって大きな愛に包まれた心地よい居場所。

言葉では説明しようがない、他のなにからも感じたことのない幸せに満ち溢れたあの独特な感覚。

そんな空間で家族みんなの祝福を背負いながら息子はこの世に産まれてきて、息子の人生一日目はわたしが一番リラックスできる温かいベッドで始まった、あの感動。

それぞれが役割を果たし、力を合わせ大仕事を終えたあと、わたしたちは心の深いところで静かに満足感を得ていて、誰も言葉にはしなかったけれど同じ気持ちでいるのをお互いに感じていた。

「病院での立会いは自分にはなんの役割もなく、ただその状況を眺めた立ち見出産だった」と振り返る彼が今回は我が子の出産に深く関わることができたことや、娘の思いやりや冷静さを垣間見ることができたこと、そして娘が「わたしもいつかベイビーを産むときは家で産む」と言ったことがわたしにとっての全ての答えになり、命を懸けた大きな挑戦は、わたしをまたひとつ強く大きくしてくれたのでした。

自己肯定感という名の幸せホルモン

今でこそ自己肯定感というワードが世の中に広まり、自信を持ったり自分を大切にしたりするにはどうしたらいいのか考えやすくなったけれど、その言葉を知る前は、どうしたら自信が持てるのかわからずいつも途方に暮れていました。

逆に夫はどんなときでもポジティブで、同じことを言われてもわたしとはまったく違う観点から物事を受け止めるタイプ。

いつでも冷静で自分に自信があって、人のことも許せる分自分が人に受け入れられることも知っていて、わたしはそんな彼が羨ましかった。

自分に自信が持てないわたしは人間関係にも一苦労で、上手な言い方ができなかったけれど相手は嫌な気分になっていないだろうか、わたしは誤解されていないだろうかと、いつも彼に相談していました。

その度彼は、「大丈夫だよ。誰もそんなふうには思わないよ、それでいいんだよ」と言い続けてくれて、大人になってから自己肯定感を築くためには、彼が懲りずに何度も同じ言葉をかけてくれたことや、ものごとをいつもシンプルに捉えるように気づかせてくれることが必要不可欠でした。

わたしがこんなにも自分に自信が持てなくなってしまったり、自己肯定できなかったのには数々の理由があるはずだけど、考え方の癖が作られていくのは幼少期だから、自分が育った環境や親との関係を改めてほどいていき、その経験から子どもたちにどう接するのがいいのかを意識するようになりました。

子どもたちに対して一番のギフトだと思うのは、育った環境や親との関わりから当たり前に自己肯定ができる人間にいつの間にかなれていること。

そのためだけじゃないけれど、わたしは子どもとの関係においてこんなことを意識しています。

・子どもを子ども扱いしない

子どもに一人の人間として対等に接していると、子どもは自分の言動に責任を持つようになる。

わたしが子どものころ、子どもは黙ってなさいとか、子どもにはわからないとよく言われていたけど、子どもは大人よりずっと感覚が研ぎ澄まされているから、子どものほうがよっぽど色んなことがわかっていたりする。

それに、たとえ子どもにはわからないことだとしても、同じ空間にいて気になっているなら知る権利があると思うから、わかりやすく説明をしたり、どうしても言えないことならそれを正直に伝える。親子でも、お互い踏み込まない領域を持っていたっていいとわたしは思うから。

・子どもに「気をつけて」は言わない

娘は2歳のころから大荷物で出かけるような子で、それは今も変わらないけど、わたしは一度も娘の荷物をチェックしたことがない。

それは、親としての責任を放棄しているわけではなくて、娘を心の底から信頼しているからで、もしなにか問題になるようなものを持って出かけて誰かに叱られたとしても、それも大切な学びだと思ってる。

わたしは一度も宿題をやりなさいと言ったことがない。やらなきゃいけない宿題があるのは娘が一番わかっていることで、もしそれをやらなかったとしてもその結果を背負うのは娘。もしやりたくないのであればそのことを娘が先生と話し合えばいいと思うし、「親に言われたから」ではなく、なにごとにも自分で向き合う癖をつけるのは大事なこと。ただし、手伝ってと言われたら全力で手伝います。

信頼には色んな意味があるけれど、わたしは子どもたちの将来も健康も幸せもなにもかもを心から信頼してる。子どもたちが出かけるとき「気をつけてね」と言わないのも彼らを信頼しているから。あなたならどこへ行ってもなにがあっても大丈夫だと思っているよという気持ちで、「気をつけてね」の代わりに「楽しんできてね」と伝えるようにしています。

・子どもを支配しない

大人の権力を使って子どもをルールで縛るのはとっても簡単。
でもそうしてしまったら、子どもたちには本質的な意味がわからないままになってしまうし、自分で考えたり責任を負ったりする学びのチャンスを奪ってしまう。

だからもしルールを作るときは子どもと対等に話し合い、お互い納得した上で一緒に決めていきます。

意見や考えが食い違ったときは、子どもの意見を真剣に聞くし、自分の意見も率直に伝えます。

また子どもを早く寝かせたかったり、取り急ぎ言うことを聞いてほしかったりするときも、おばけがくるよ、などと怖がらせるようなことはしません。

実態のない恐怖を植え付けたくないし、事柄によってどうしても仕方のないときはあるけれど、基本的には言うことを聞いてほしいと思うこと自体が支配的だと意識するようにしています。

それと、当たり前だけど自分が悪かったと思ったときは、子どもにきちんと謝るようにしています。

・うざいほどに愛を伝える

少しだけ手が離れてプリスクールに通い出したりお友達ができるようになったりしたら、子どもの人生は子どもに任せて、干渉しません。

知りたいと思ったことは素直に聞くけど、子どもが言いたがらなかったらそれ以上は無理に聞かない。

親子だからといってそれぞれの人生なわけだから、お互いに全てを把握してる必要はないと思っています。

だけど子どもが頼りたいときや、親が必要なときはいつでも側にいる安心感と甘えやすい関係を維持して、子どもの話をちゃんと聞くようにしています。

そして、毎日子どもたちのことがどれだけ好きかと、素晴らしいと思ったことや、すごいなと思ったこと、手も足も耳もお尻も全部かわいくて大好きでたまらないことを、毎日それぞれにうざいほど伝えています。

自己肯定できるって、幸せを感じることと直結していると思うから。

虫と共に生きる

わたしは子どものころ、外にいるのが大好きでいつも夢中になって自然に遊んでもらっていました。

原っぱの中で枝や葉っぱを集めて秘密基地を作ったり、小川でザリガニを捕まえたり。

クワガタやカブトムシなんてときめくものナンバーワンの宝物でした。

それ以外の虫も全般に大好きで、カマキリの卵をみつけて家に持ち帰り数日後に家の中で恐ろしいほどたくさんの小さなカマキリが孵《かえ》ってしまったことがあったり、とんぼや蝶々、コオロギにダンゴムシ、バッタにカタツムリ、それらは全てわたしの親友でした。

でも、芸能界に入り生活は一変。

土も木もない都会でコンクリートの建物から建物へ移動する日々。

虫との友情はいつの間にかすっかり薄れ、都会で恋に落ちた乙女の心は忙しく、その興味と情熱は虫から男の子に向けるものへと変わっていきました。

そして、大人になるにつれ虫が怖くなっていった。

でも娘が生まれて、ハワイの大自然の中で暮らしていたら過去の記憶が蘇り、いつの間にか虫が怖くなっていたことをとても残念に思ったんです。

わたしが虫から学んだことは数え切れないほどたくさんあって、人間が作り出したものからは決して刺激されることのない感受性が活発に働き、その触れ合いは自分も生態系の一部であることへの理解を深め、自分と自然を調和させることで精神の安定が得られる、とても大切なものでした。

自然の中に自分を調和させていると五感が研ぎ澄まされ、子どものころは触っても大丈夫な虫、危険な虫もなんとなく本能で見分けることができていたし、虫を通して子どもながらに命について考えるきっかけにもなりました。

本来虫と共に暮らすことのほうが自然なことで、怖がることのほうが不自然なことだと思い出したわたしは、娘に虫は怖いものだという先入観を植え付けないようにしたいと考えました。そのためには娘の前でわたしが虫を怖がらないことがなによりも重要だと、『ファーブル昆虫記』を全巻揃えてこれまで恐ろしくて目を逸らしていた虫たちをまずは凝視するところから始めました。

ハワイの自宅の庭や周りには、子どものころもあまり見かけたことのないオオムカデやゲジゲジなどがいてとってもハードルが高かった。

それでもわたしは、生活の中で虫に出会うとしばらくジ――ッと見つめ、夫や娘に最近ママが突然フリーズすると心配されながらも、目を逸らしたくなるような数え切れないほどの虫の足を一本一本じっくり眺めながら過ごしたのでした。

その甲斐あって娘は虫が大好き。

昔のわたしのように危険な虫と手に載せられる虫の違いを熟知していて、自然界にインスパイアされながら想像力や創造性の基盤を構築しています。

壊れてもまた同じものを手に入れることができる人工的なものでは他者への思いやりは育まれていかない。

娘は自然に触れることで生命の繋がりを体感して、命あるものに魅了されながらゲジゲジを自分の腕に歩かせ「この子とってもジェントリーなの♡」と毎日元気に自然に遊んでもらっています。

ママ友なんていらない

わたしは昔からスムーズに人間関係を築いたり、人とつるみながら生きたりすることができず、一匹狼とか変わり者とか言われていたことに劣等感を感じていました。

誘われても行きたくないけど誘われないと寂しい。

そんなめんどくさいわたしは妊娠を機に、この子のために一匹狼をやめたほうがいいんじゃないかと考えるようになりました。『みんなと仲良くできるママ友のたくさんいるママ』、それが子どもにとって理想のママなんじゃないかと漠然と思ったのです。

思い込みの激しいわたしは、さっそく妊娠中から同時期に出産予定の友達をせっせと作り、娘が生まれてからしばらくママ友グループを設立していました。

大人数のグループラインをいくつか作り、夜中の授乳中はどこかのグループで同じく授乳中の誰かしらとたわいもないやりとりをしたり、ベイビーたちを並べて恐ろしい枚数の記念写真を撮ったり。

そんなやり取りは単純に楽しかったけれど、人間は二人以上いると何かしら起こる生き物、楽しいより嫌だなと思うことのほうが次第に増えていきました。

赤ちゃんの世話にはみんな一生懸命だし、自分のやり方が正しいと思いたいもの。わたしの考えに対して、それは自分とはやり方が違う、と否定してくるママ友が現れ始めたのです。

わたしは娘が産まれてから、それまでなんとなくで選んでいた身の回りの全てのものが急に気になりだし、ひとつひとつ、これはどこで誰が作っているものなのか、この表示はどういう意味なのか、小さなこの人になにを与えるのがベストなのか深く掘り下げるようになっていました。

そんな中、ママ友との話題の中にわたしが気になっているものが出てきて、わたしが正直に、「それについては実際どうなんだろうと思ってる」とか、「少し調べてみたらそれにはこんな危険な成分が使われていることがわかったからわたしはそれを使わない」なんて言ってしまったものならもう、「これはね、世の中の常識なんだよ。そんな意味不明なこと言ってたら子どもがかわいそうだよ」とまで言われる始末。

なんのリサーチもせず、どこの誰が言い始めた常識なのかもわからない不思議な価値観に説得力を感じられるわけもなく、こんな関係に果たして価値はあるのだろうか、時間と労力の無駄なんじゃないか、わたしが居心地の悪い時間を過ごすことを果たして娘は望むだろうかと考え始め、わたしはママ友はいらない、という結論を出しました。

それはわたしにとってとても清々しい決断で、一匹狼とか変わり者とかそれまで感じていた劣等感ともついでに一緒に決別することができた。

できなかったんじゃなくて、したくないからしなかったんだと今なら言える。

どこかの国へ行ったら不思議がられるかもしれない他人の視点である『常識』なんてあいまいなものではなく、わたしは自分の価値観を信じてたった一度のわたしだけの人生を思うがままに生きていきたい。

そして、思うがままに生きる他の誰かを、たとえ自分とは違う考えでも否定せず受け入れていたい。

もちろん今は、娘の友達のママとは同じ環境に居合わせた人間同士としていい距離感で仲良くしているし、娘たちを通して出会ったママ同士で大切な友達もできた。

でもそれはお互い、もしくはどちらか一方でも相手の価値観を否定した上には成り立たない。

子どものために無理をして仲良くする必要はないから、子ども同士のことは子どもたちに任せ、ママ同士は相手を尊重しながらお互いしっくりくる気持ちのいい距離感を保っていくだけ。

なにごとも、物事はシンプルに、そして正直に、愛を持って堂々と。

ホーローおまる。おむつなし育児が偉大過ぎて、３人目はもっと徹底的にやってみたいと思ってるの。ホーローのおまるは臭いがつかなくて清潔だし、おまるとして使わなくなっても別の用途で再利用できてeco！

このポーチは中がウォータープルーフになっていて、外で使用済みの布おむつを密封したり、濡れたものをなんでも入れて持ち歩ける、臭いも漏れないポーチです。

最近は３歳くらいまでオムツをしている子が多いので、すごく小さいサイズのパンツはあまり種類が出ていなくて気に入るものがなかなかないのだけど、これはニュージーランドに行ったとき出会ったとっても小さなサイズのオーガニックコットンの息子のパンツ。

第 4 章

一緒にいる以上、

お互いにとってプラスでありたい。

パートナーシップの築き方

夫婦円満の秘訣　察しなくていい

今でこそわたしと夫にはあうんの呼吸みたいなものがあるけれど、そうなるまではそれはそれは紆余曲折、お互いの努力があった。

わたしはきっと彼からしたら、なんでも大袈裟で感情的なうざめ女子だったんだろうし、わたしからしたら彼はいつまでたっても安心できない自分勝手男だった。

付き合う前は彼がわたしを追いかけ回していたけど、付き合ってからはわたしがずっと彼と一緒にいたくて、でも彼はいつも自分のしたいことを優先させていたから、けんかなんて日常茶飯事。

お互いに、どうして自分の気持ちを察してくれないの？　思い通りの言動をして！と嫌な態度でアピールし合う日々。

例えば彼は一緒に買い物に行くと重い荷物を必ず持ってくれるけど、彼の手は荷物で塞がっているからドアの鍵を開けるのはわたしの役目。

だけど楽しくおしゃべりなんてしていてうっかり鍵を出すのを忘れて、重い荷物を持ったままドアの前で待たせようものなら彼の顔色はみるみる変わってしまい、「オレが重い荷物持ってんのわかるんだから、おしゃべりに夢中になっていないでなによりも先に鍵を開けてくれないとさあ」と威圧感まんまんに言い出す。

なんて嫌な男。思い出しただけでも嫌いになりそう。そしてわたしも、「でも別に荷物持ってなんて頼んでもないし、鍵を開けてねなんて言われてもない！」と人生で一番反抗的な態度を更新させながら言い返すのだ。

ああ、なんて無駄な時間を繰り返し過ごしてきたことでしょう。

これは彼とのことじゃないけれど「言わなくても察しろ」って考え方、なんて自分勝手で支配的な言い分なんだろうと思う。

だいたい人と自分は違って当然。そのときの気分や体調だってあって、他人はそんなのいちいち知ったこっちゃない。

先回りしてあなた様を不快にさせないように、慎重に気を使いながら生きたところで、その日の気分でなにされても受け入れられないのは、自分の問題でしょ？

それを言葉で説明もせず察してろって、わたしはあなたのために生きてるんじゃないんだから冗談じゃない。

「そんなの常識だろ。察するんだよ、普通は」

……。あなた様にとっての常識も普通も存じ上げておりませんので、そちらは事前に言葉で説明しといてもらってもいいッスか？　としか言いようがない。

はー。熱くなってしまったけど、今思い出してもなんてBOSSY（支配的）な話なんだろう。

その人との経験も、彼との夫婦関係に活かす良き学びになったからまあいいけどさ。

そんなわけでわたしは、たとえ運命を日々共にする夫婦であっても察しなくていいと思う。

言葉でちゃんと伝えなきゃわからないし、むしろきちんと伝えることこそが相手に対する礼儀だということがわかったのです。

あるとき彼に、荷物を持ってくれるのは有難いけど、その代わりわたしが察して急いでドアを開けないと気分を害してしまうなら、荷物は持ってくれなくていい。

またイラつかれる、怒られるという恐怖から自分が今なにをするべきなのかを考えたくない。そうされると怖くて怒られる前に怒っちゃおうって変な悪循環が生まれるし、お互いしてほしいことはイラつく前に平和にひとこと伝えればよくない？　と提案した。

それからはお互いの中で「ちゃんと伝えなかったくせに相手が自分の思うことをして

くれなくてムカつくのは、自分のほうがBOSSYでイヤな奴」という共通認識になったので、わたしたちはなんでも真っ直ぐ言葉で伝え、すっかりけんかもしない平和な毎日を手に入れた。

ちなみに日々の細かいやりとりじゃなく、もう少し大きなテーマで相手にものを言いたいときは、「ここがわたしよくなかったよね」と自分のダメだと思ってるところからまず伝えて、変わりたいなー！　成長したいと思っているよ、と心からの懺悔《ざんげ》を受け取ってもらったあと、ちなみにひとつだけ聞いてくれる？　実はね、あなたのこういうところが気になってるの♡　と、とにかく責めず、怒らず、押し付けないで伝える。

伝えても変わらなければ彼自身が変わりたくないのだからそのままの彼を受け入れるしかない。それがどうしても無理なら前向きに話し合って、お互いを尊重するために別れるしかないよね。

わたしたちは今のところ、自分とは違う生き方の相手を受け入れたり、ちゃんと伝えてわかり合うことでとっても仲良くやれていて、誰と付き合っても長続きしなかったわたしが、ひとりの人と問題を解決しながらこんなにも長い時間を共にし深い絆を築けてこられてるなんて、自分の成長を讃えたいし彼に大きな拍手を送りたい。

ふたりとも、よく頑張ってるね！　毎晩必ず同じ寝顔が隣にある安心感は、なにがあってもお互いに諦めず大事にしてきたご褒美だと思ってる。

家事の分担

夫婦でいる以上、共通のやらなくてはいけないことがつきまとい、日々の中で譲り合っても協力し合ってもどうしても人知れずささやかなぶつかり合いは起こってしまう。わたしのほうが毎日早く起きて子どものことやってるでしょとか、夜中何度も子どもに起こされて俺だけがそのたび起きていたから激しく寝不足だとか、わたしは毎日ごはんを作ってるとか、俺は必ず食器を洗うようにしてる、とか……。

わたしたちはここ数年出張を除くほとんどを家で仕事をしているのだけど、息子が小さかったり、娘がコロナ禍でオンライン授業や夏休みでずっと家にいたりすると仕事に使える時間が全然足りない。

命がけでなんでもしてみる2歳児を監視しながら、暇人の娘に付き合いながら、二人が遠慮なく汚していく家中の掃除をしながら、一日3度の食事を作りながら、食器洗いに洗濯に細々した雑用に買い物、そして仕事。その中で自分に使う時間をなんとか捻出しなければならない。

運動だって睡眠だって大事。

書いていて改めて思ったけれど、時間なんか全然足りないのである。

それでも今は数年前のわたしたちより関係性はだいぶ改善されていて、娘が小さかったころに繰り広げられていた夫婦の諍《いさか》いはもっと激しくそして絶望的だった。

彼と出会ってから今までを振り返るとわたしは随分と変わったけど、それと同じように彼も随分と変わった。

思い返すと一人目の妊娠中は、子どもが生まれるんだ！　親になるんだ！　と心も体も変化していったのはわたしだけだった。

それまでわたしたちはお互い自由に夜の街へ出かけ、楽しく杯を交わし、ベロベロで朝帰りという日が週に何度もあったわけだけど、妊娠をしたら当たり前だけどお酒は飲めない。食事だって、日本はレストランでたばこを吸えてしまうから、誰かの副流煙が気になり禁煙のお店か、きちんと分煙されて禁煙席には煙がこないところしか行きたくない。

そして妊娠による体調不良や精神不安定もあるから、今まで通りになんてできないことだらけ。

そ！　れ！　な！　の！　に！　彼ときたらどうだろう。妊娠が判明したとき、わたしの顔が驚きで一瞬青ざめたことになんて気づきもせず大喜びして、そっかー！　俺たちは今だったんだね！　よし、すぐに会社に報告しよう！　と目をキラキラさせながら言い、その瞬間からわたしの予定変更など出産に向けたあらゆる準備をさっさとこなしたくせに、彼だけ生活はなにも変わらなかった。


仕事柄わたしは妊娠報告のタイミングは事務所と話し合い、それまでの間は誰にも知られちゃいけないから人に話すこともできなかったし、妊婦はスキューバダイビングなんてもってのほかと医師から告げられ女友達との旅行もドタキャン。来る日も来る日も家の中に独り取り残され、孤独で不安な日々を過ごしているのに彼はなにも変わらず酔っ払って朝帰りを繰り返し、その度わたしは泣いて怒ったけど女のヒステリーが大嫌いな彼からの返事は、俺が逆の立場なら快くいってらっしゃいと言うけどね！　おまえほんと、うざい！　とわたしをさらに泣かせるものだった。

彼が朝まで飲んでいたのは全てが遊びではなく半分くらいは仕事だったから、俺だって飲みたくもない酒飲んでるんだよという気持ちもあったんだと思う。

わたしはつくづく飲みたくもない酒を付き合わせる大人の仕事のやり方を恨んだ。

そんな日々を過ごしていた日本での妊娠中、男尊女卑を感じずにはいられなかった。初めての妊娠だから不安だし体調が良くないときもあるから、夜独りぼっちだと眠れないと言っても彼の周りは「男をダメにするな」とか「束縛されてる彼がかわいそう」とか、わたしの味方になってくれる人はほとんどいなかった。

彼も愛妻家なんて恥ずかしい、女は黙って家で待ってろとでも思っていたのか、周りの目もあり自分のメンツを守るためにわたしがどんなに泣き叫ぼうとも一向にスタンスを変えなかった。

そういうことならこっちも全力でいくしかない。先に言っておくと当時のわたしの全力の出し方は相当間違っていたのだけど、なんとしてでも妊娠中のわたしを彼に労らせたくて、たいしたことないつわりでも大袈裟につらいフリをしたり、泣いてダメなら激怒してみたり、彼のお母さんに言いつけたりと、あらゆる手を尽くした。

これら全ては逆効果でそんな訴えで彼が変わるはずもなく、関係は悪化した。

それでもわたしは諦めない。

おかしいと思うことも嫌だと思うことも我慢なんかするもんか。永遠に言い続けてやるんだから!!

この争いは娘が生まれてしばらく経つまで続いたんだけど、いや、息子が生まれる寸前まで続いていたかもしれないけど（笑）、でも、時間をかけて少しずつ変わっていって、今ではわたしたちの間で笑い話になっている。

女は自分の体が変わっていくと共に気持ちも自然と変わったり新しい感情が芽生えたりしていけるけど、男の人はそれがないからなかなか難しいのはもちろんわかる。

それに、わたし自身も仕事においては「ママになってもなにも変わらない」と言われることが価値と感じていたように、彼も子どもができても妻の尻になんて敷かれてないし、俺は自由みたいな見られ方をしていないと恥ずかしいという幼稚な考えがあったんだろうと思う。

ではどうやってそんな彼が変わったのか。なぜ今では毎日子どもたちを眺めてはかわいいいと鼻の下を伸ばしては溺愛し、息子の歯磨きを毎日したり娘ともラブラブだったり、だいたいいつもわたしを優先してくれて、育児もどっぷり一緒にするようになったのか。

娘をハワイで出産してから2年ちょっとの間は東京とハワイに家を作り、わたしと娘は半々で過ごしながら彼は仕事が許すときだけハワイにいるという生活だった。そこから娘がプリスクールに入るタイミングでわたしと娘は完全にハワイが拠点になり、彼はずっとハワイにいられるように仕事の調整を続けていた。

そんな中ハワイで出会ったアメリカ人の夫婦はみんなとても素敵で、子どもの行事もディナーもパーティもいつも夫婦一緒にいるのが当たり前。女は家で待ってろという日本のスタイルの中にいたわたしたちにはそんな夫婦のあり方がとても大人っぽく見えた。

アメリカはそもそも法律でお酒を出していいのは夜中の1時や2時までだから、まだどんなに飲みたくてもその時間がくれば容赦無くお店は閉まるし、早寝早起きの人がとっても多い。朝まで飲んでる代わりに夜はとっとと寝て早朝からハイキングやサーフィンをしていたりするし、スーパーマーケットもだいたいが朝の6時とか7時とかから開いてるから出勤前に外でゆっくりコーヒーを飲んだり朝食を食べたりもできる。

そんな、今まで見たことがなかった生活をしている素敵な人たちを見てわたしたちには新しい価値観が生まれた。

ＬＡに1年住んでみたときに出会った素敵な人たちにも影響を受けた。彼らはとても自立しているように感じた。責任を持って人間としての自由を求め、人生を豊かに生きようとする姿勢や、小さなことを大切にして日々を楽しむことは素敵なことだと彼らから学び、それまでの自分たちの『当たり前』がだんだんと変わっていった。

息子の妊娠中も少なからず争いはあったけど（笑）、娘のときのそれとは比べものにならないほどの変化をすでに遂げていた彼はさらに娘の成長の早さを知って、今度こそ自分もじっくり子育てをしようと育休を取ると宣言した。わたしには帰れる実家もないし、相談できる親もいないから彼がそう思ってくれることが本当に心強かったし、もう娘のときのような思いをしなくていいんだと、嬉しかった。

世界の父親の育児休暇について調べてみると、北欧の国々の取得率は70〜80％なのに比べ、日本の育休制度は世界一なのにもかかわらず取得率はわずか７・４８％（２０１９年）。妊娠中や娘が小さかったころ家で泣き続けていたわたしはお節介にも、昔の彼のような考えや周りの目を気にして自分だけ休めない雰囲気が日本から早くなくなればいいなと願わずにはいられない。

せっかくの機会なので、彼と改めて当時を振り返りそのことについて話してみた。
ここからは、わたしがiPhoneで録音した彼へのインタビューです。

わたし　懺悔の時間ですよ。本に書きたいから取り繕ったりせず、ありのままを語ってね♡　改めて聞くけど一人目の妊娠中のとき、どう思ってたの？

彼　もちろん手伝ってほしいと言われたことは全てやろうと思っていたし、それが終わったら俺のやることとしていいよねと、役割分担のつもりだったんだよね。男はさ、ホルモンのバランスが崩れるとかもないからずっと同じで、女の、出かけられるだけでムカつくから、なにもしなくていいからただそこにいて、みたいなのはないからさ。

わたし　でも一人で不安だし孤独なのに自分だけ飲みに行くとか、わたしの気持ちをなにも考えてなくない？

彼　遊びでどんちゃんやってたわけじゃないから、俺は俺で今できることを頑張るから！　とほんとにそう思っていたんだよ。

わたし　じゃあ遊びで飲みに行く男もいるわけじゃん。そういう人はなんなの？

彼　そういう人は結婚してもなんでも俺は現役でなにも変わらないぜと生きることがイケてるって思ってるんじゃないの。

わたし　でも女は家で寂しい思いをしてるわけじゃん。

彼　完全に甘えてるんだろうね。

わたし　一生現役で変わらずいたいなら、結婚したり子どもを作ったりせず自分だけでやってればいいんじゃないの？

彼　男は妊娠も出産もしなくてなんにも変わらないから、想像しづらいんだよね。

わたし　じゃあなたはどう変わっていったの？

彼　それはやっぱり人生の豊かさがなにかわかるようになったから。男からしたら妊娠中の10ヶ月間を共にして、胎動を感じることとかもないから。頭ではわかっていても実感がないままなんだけど、隣ではつわりで気持ち悪くてなんにも食べられないとか、かと思ったら突然普段食べもしないのにポテトチップ食べたいとか、ごはんがくせーとか、え、じゃあどうしたらいい？　なんか買ってくればいい？　とか男も、もうなんなんだよって、それにある意味振り回されて。で、実感ないまま父親になる。最初は、あ、ほんとに産まれた。赤ちゃんだ。へぇ〜、俺の子なんだ、みたいな。

わたし　イヤな奴だねほんとに。全部超他人事なんだね。

彼　男はそういう変化をひとつもできないからさぁ。それで振り回されながら、ああよかったやっと産まれた、これで一段落だねと思ったら、なんか赤ちゃんてなに言ってもわからないし、なんにもできないんだね。だけど生きてるから面倒みないとね。出かけるからこの小さい人になにか着せないとだよね、みたいな感じだったんだけど、それがだんだん寝返りをするようになったり、歩き始めたり、パパって呼ばれるようになって、少しずつ父親としての自覚が育っていって、そうすると自分にとっての親との関係と重なってきたりして、あのときの自分は親と自分以外なにもなかったなとか、不安で不安で仕方なかったなとか思い出してくうちに、あ、俺は今この子の親なんだなと思い始めて。

わたし　何年くらいかかったの？

彼　ぶっちゃけ3年くらい。

わたし　だろうね。見ててわかった。それで二人目を妊娠したときにはどう変わってたの？

彼　一人目のときで、つわりとかさ、泣きやまない赤ちゃんとか、あぁこれは終わるモノなんだ、いつまで続くんだろうと思ってた全ての出来事は実は一瞬で通り過ぎてしまうかけがえのない時間なんだって知って。急にするようになったかわいい仕草もなにもかももう次の日にはしなくなっちゃったりさ。娘が歩き始める瞬間を見て、うわぁ、歩いた！　と感動したり。これを見逃したくないなと思うようになったんだよね。

わたし　それで、一人目の妊娠中のことを考えるとほんとに申し訳なかったなと思わないわけ？

彼　う〜ん、思うね。

わたし　（笑！）

彼　もう一回一人目がきたらもっとちゃんとするんだろうけど、男はその時点で父親になると言われていても、頭ではわかっていてもほんとに実感が持てないからさあ。

わたし　ちょっとなんか協力しなきゃとかないわけ？

彼　あるよ。それはもちろんあるよ。だからあれやって、これやってと言われたことに関しては、え～、とかってことはなかったじゃん。

わたし　ありました。

彼　例えば？

わたし　わたしがドクターにもっとゆっくりしてなきゃいけないって言われたときにさぁ、ちょ～～ぅヤな態度で味噌汁作ってた！「で、次なにやればいいの？え？　なに？　それどこ？」とか言って。もうすっごいヤダ。ほんとにヤダこの人って思ってた。

彼　それはだから、そのこと（味噌汁を作ること）に対して怒ってたわけじゃなくて、別のことに怒ってたんだと思う。それで、はい、これもこれも完璧にできた、さて、俺のこともやらせてね、行ってきます、みたいな。

わたし　行くんかーい！

彼　それを経て一人目の出産も見たりして、女の人ってほんとに大変なんだなってわかって、ずっと続かないこともわかって、二人目はそれとは違う形で寄り添ってあげられたと思うけどさ。

わたし　ガールズバーに行ってたけどね。

彼　誕生会で……。

わたし　それで、男性の育児休暇についてはどう思ってるの？　日本は育児休暇の制度自体は世界一なのに、取る人は7・48％なんだって。

彼　日本の社会はやっぱり忖度《そんたく》とかさ、空気読んで察する文化だし、たとえば、今年いつまで仕事ですか？　って聞いたら、今年31日までですよ〜。わぁ、働きますねえ〜！　みたいなさ、働いてる自慢みたいな感じで、あいつ子どもが生まれたくらいで休暇取りやがってみたいなところもあるし。日本は仕事が生きがいで、人生を豊かに生きることは結婚しても朝まで飲むとかさ、奥さんと子どもがいると思えない〜！　と言われることが褒め言葉みたいなさ、なんかそんなふうになってるよね。

わたし　自分も昔は家族で過ごすとかが楽しいと思ってなかったよね。

彼　そうだね。俺は子どものころからそうだったんだよね。家族で食事に行くとかが、一番退屈だった。結婚してからも、また海行くの？　何しに？　と思っていたし、一番わかんないのは温泉。え、わざわざお湯に浸かりに行くの？　って。

わたし　（笑）。でも今は、家族と過ごすことが心から楽しいと思うようになったの？

彼　そうだね。

わたし　なにが変わったら、今まで物理的につまんないと思っていたものが楽しめるようになるんだろう？

彼　やっぱりね、時間だと思う。もう二度と戻らない今という時間。男友達とは20代のときも30代のときもこれから一生いつだって飲みにも行けるけど、子どもたちが育っていく様を見て、これは今しかないんだと思ったら、人生振り返ってみて初めて違う何年間だったなと感じてさ。そういうリミテッドなことを知ったことで家族で海に行くとかピクニックするとか、今しかない大切な時間をかけがえのない家族と過ごすことこそが人生の豊かさだと感じるようになって、それからはその時間が心から楽しい時間だと思うようになったね。

わたし　昔は結婚してもなにも変わらない俺がイケてると思っていたのにね。

彼　それは昔は、またピクニックか。でも家族できちゃったし仕方ない、と家族サービスのような気持ちになっていたんだけど。

わたし　家族サービスってなんなの？　大嫌いその言葉。そんなふうに思われてる相手と大事な時間を一緒に過ごしたくない。

彼　わかるわかる。でも、月から金まで働いて、やっと自分の時間なんだけどその時間で自分のやりたいことじゃなくて家族がやりたいことするみたいなさ。

わたし　やりたいことが同じだったらいいわけだよね。よーし月～金働いたぞ！　家族と遊ぼうー！　だったらさ、みんなハッピーなわけでしょう。

彼　そうだね。俺は価値観が変わって、今は家族でピクニックをしたいと思うようになったよ。

けんか論

もうほとんど夫婦げんかをしなくなったわたしたちですが、それでもたまにちょっとした言い合いになることはあって、なるべく子どもたちの前では冷静に話すようにしているけれど、娘は鋭くすぐ察知します。

あるとき夫とわたしがテーブルで向き合ってちょっとした言い合いをしていたら、そのあとで娘に「ママのケータイでさっきのムービー撮っておいたからあとで見てみて」と言われました。

いつの間に撮っていたのかそのムービーを見てみたら、言い合いしてるわたしたちが映っていました。客観的に見た画面の中のわたしは、気を使っていたつもりだったからもっとマシかと思っていたのに我ながらすごく嫌な奴で自分にドン引き。

ああ娘よ、これを撮っておいてくれてありがとう。わたしはもうこんなふうになりたくないからこれからもっと気をつけよ～（汗）と思ったのでした。

しかしまあ娘のそのやり方はダメ出しや否定をするでもなく、本人に事実を見せて自主的に考えさせるというなんて賢いやり方なんだろうと感心してしまった。

いいねこのやり方。ムービーを見終わってから娘に、ママもパパも超嫌な奴になってたね！　と感想を言ったついでにふと娘のけんか論も聞いてみようと質問してみた。

わたし　お友達と遊んでるときとか学校とかでけんかになっちゃうことってあるでしょ？　そういうときはどうしてるの？

娘　けんかになったらすぐ謝るよ。

わたし　自分が悪くないときはどうするの？

娘　そのときもすぐ謝るよ。

わたし　悪くないのに謝るの？

娘　どっちが悪いとかじゃなくて、けんかになっちゃったことに謝るの。けんかの時間はイヤだから、仲直りしたい。けんかになってごめんねって。

わたし　でも自分は悪くないのにって思ってるときに謝るの、悔しくないの？

娘　けんかになっちゃってちょっと嫌な時間のときも変わらずお友達のことは大好きだから、どっちが悪いとかよりも、仲直りしてからそのことでもうけんかしないようにするにはどうしたらいいか相手と一緒に考えるの。

わたし　すごいね……。

娘　せっかくお友達と一緒にいるんだったら、けんかしてる時間なんてもったいないもんね。

と、そのときわたしはどっちが親だかわからなくなったというか……いつの間にそんなに素敵な人になってたの？　というか……なんかすごすぎない？　というか……圧倒されて的確な感想は思いつかなかったけれどとにかく娘を尊敬の眼差しで見つめたことだけは覚えてる。けんか中も変わらず大好きでいられるってなに⁉　けんか中なんて相手のこと大っ嫌いになっていたよ今まで……。

そんなふうに人を許し、けんかになるような相手の部分も丸ごと受け入れ、人と自分の違いを認め、その上で心から人を愛せる娘をかっこいいと思うし、こんな小さなうちからそれができたら今後の人生楽だろうなとも思うし、その分自分のことも大切にできるだろうね。なにからなにまで感動した忘れられないある日のお話でした。

夫の愚痴は誰にも言わない

夫とけんかをしても、彼の愚痴は誰にも言いたくない。

わたしたちふたりの問題はどんなに説明しても結局のところ誰にもわからないし、その場の感情だけで普段の思いを全部無視して今起きてることだけ取り上げて愚痴ってしまったら、わたしたちが仲直りしたあとも愚痴を聞いてもらった人に彼はずっとその印象を持たれてしまうし、なによりどんなに彼のことがムカついてるときだって、誰かに彼をジャッジされたり悪口を言われたりなんてされたくもない。

女同士で彼や夫の愚痴大会、なんてよく居合わせていたし、わたしも誰と付き合っても長続きしなかったその昔、愚痴大会に参加してしまっていたときもあったけど、そこで学んだのはそんなことをしてもひとつもいいことはなかった、ということ。

誰かに愚痴を聞いてもらったところでなんの解決にもならないし、一緒になって誰かが彼の悪口を言うと、やっぱり自分のほうが正しいんだ！　とか、やっぱりあの人って最低！　とか、どんどん悪いほうへヒートアップしていって、あんなにsweetな時間を共に過ごしてきたことも、二人だけのあり方も、なんにも知らない誰かの無責任な発言にふたりの大切な絆はどんどん壊されていく。

誰かに散々愚痴って絆が壊れかけたころ、彼からのたったひとことのメールで全て解決、だったら言わなきゃよかったよ、なんてことも度々あったし。

この世の終わりみたいな顔して愚痴る友達を気遣って、その後どうなったの？　大丈夫だといいんだけどと連絡したら「なんのことだっけ？　今彼と温泉に向かってるところ♡」と返事がきたり、え、なに？　愚痴る、そのこと自体が目的の会だったのかと、その時間と労力をとてつもなく無駄に思い、自分含めカップルや夫婦のことはそのふたりにしかわからないのだから愚痴程度のことならほかの誰かが踏み込む領域ではないと毎回痛感。

だったら意味ないおしゃべりでももっとポジティブな空間に時間と労力を使っていたかったと、なんとも言えない気持ちになるオチが毎回待っていた。

彼の愚痴を彼のいないどこかで言ってても、そういうバイブスはなんとなく本人にも伝わるし、自分自身にもどこか後ろめたさが生まれてくる。

そう、だからわたしはもう潔く、付き合ってる人や結婚相手のことを愚痴りたい問題が起きているとき、解決策はふたつしかないとはっきり断言する。

もう一緒にいないほうがいいと別れるか、問題だと感じていることについて今すぐ解決する努力を始めるか。

その究極の二択こそが時間も労力も無駄にしない、自分の限られた人生を一日でも多く幸せに過ごせる前向きな取り組みなのである。

そう思ってからわたしは、本気の悩みなのであればもちろん真剣に聞くけれど、愚痴りたいモードの友達には「ごめん、わたしは解決に向かうであろうことしか提案できない。ただ愚痴りたいならひとりで日記帳にでも書いてくれ」と、なんとも友達がいがないと思われるであろうことを真っ直ぐ告げる。


でもね、それこそがわたしにとっての真の友情。

友達とは負のエネルギーで繋がっていたくないし、友達にとって（たとえいつか別れる相手だったとしても）大切な人の愚痴をその場だけの気休めでうかつに言ったりしたくない。


わたしにとって大切なのは、限りある人生を一日でも多くポジティブでハッピーな時間にすることと、夫婦円満、家族仲良くいることだから。

TARO LEAF
$3 ea oR
2 for $5
BANANA
$1.50/LB

第５章

子どもたちの未来のために。

これからの生き方

オーガニックを選ぶ

オーガニックのものを選ぶことは、自分のための贅沢のように感じるときがある。

でも、実際に農薬で健康被害に遭っている農家さんのことや、農薬や化学薬品で壊され続けている地球上の多種多様性、汚染されていく土や水のことを知ると、それは決して自分だけの贅沢なんかじゃなく、世界中の人々や地球に対するソーシャルベネフィット（社会全体の利益）だと思う。

もちろん、オーガニックのものを選ぶことで残留農薬や毒性の強い化学物質から自分や我が子を守ることもできる。

わたしたちが壊し続けている地球の生態系や汚染し続けている母なる大地は、たったひとつのわたしたちの住みかだということを思い出し、日々の自分の選択は地球に暮らす全ての生き物に関わっていることを忘れてはいけない。

ハワイやＬＡはオーガニックのものが手に入りやすいイメージがあるらしい。

もちろんどこのスーパーにもオーガニックのものは少しずつセレクトされているけど、アメリカはもともとＧＭＯ大国であるし、オーガニックの野菜や果物は日本と同じように手に入りづらい。

食材を買うなら断然日本のほうがいいものが手に入るとわたしは感じてる。

近所のスーパーで取り扱いがないのならスーパーにリクエストを出したり、オーガニックの宅配を頼んだりすることもできる。現に日本に住んでいるときは、日本一基準の厳しいオーガニック宅配と言われている業者と契約して、毎週素晴らしい品々を近所のスーパーとほとんど変わらない金額で届けてもらっていた。

日々目の前のことに追われていると、つい楽なモノ、すぐ手に入るモノを選んでしまうし、そのモノたちがどこでどんなふうに作られているのか、わざわざ背景を調べてなんかいられないときもあるから、自分と同じ理念を持ってセレクトしているオーガニックショップや、児童労働や動物搾取のない商品を紹介しているＳＮＳのアカウントも見つけて参考にしてる。

お店に堂々と並んでいるキラキラした商品も、背景を調べると実はとんでもない製造過程を経て作られているものは、よくある。

ここ数年『サステナブル＝持続可能な』という言葉が多用されるようになったのは、

わたしたちが持続不可能なことばかりしてきてしまって、このままではもう全てが継続できないということへの警告だと思っている。だから、日々の選択に責任を持って、目には見えない遠く離れた誰かを救うこと、環境汚染から地球を守ることを意識しながら思いやりを持って生きていきたい。

すでにわたしたちは、人間だけが便利に暮らす代償として一体いくつの生物を絶滅に追い込んできたのか。

取り返しのつかない現実に絶望を感じてしまう日もある。

それでなくてもわたしたちは常に自分のことに精一杯な生き物なのに、さらに手遅れともいえるほど深刻な環境汚染や社会問題を抱えながら生きている。

時々考える。もし、環境汚染や社会問題のない世界に生きていたら、どれだけ気が楽なんだろう。

でもどんなときでも必ず希望は見つかるから、また真っ直ぐ前を見て突き進む。

オーガニックのものを選ぶことは、すぐに取り入れられる社会貢献でもあるから、できる限り、人に優しく地球に優しく、自分を大切にしながらオーガニックに生きていきたい。

読んでみてほしいオススメ本

『〈からだ〉の声を聞きなさい
――あなたの中のスピリチュアルな友人』
リズ・ブルボー　著（ハート出版）

わたしはこの本にどれだけ吸い込まれたかわからないくらい、目から鱗だったり、そう思えばいいんだ！　そう考えればいいんだ！　という気づきがたくさんありました。

リズ・ブルボーさんのあらゆる本を読み、自己肯定できる自分がイメージしやすくなりました。

きっと、この本を読まなくてもそれを知っている人はたくさんいて、そういう人が読んだら、え？　当たり前じゃない？？　と思うのだろうな。そんな自分を最初から持っているなんて、どれだけのギフトなんだろう羨ましい！　と思います。だから自分の子どもたちには、子どものうちからそれが（自己肯定できること、自分を許して受け入れること、人にもそれができること、人と自分を分けて考えられること）当たり前になるようにと思って接しています。

　精神的に自立することの大事さ、生きやすさや、気持ちよさを知ってしまったら、もう前には戻れない。人にも優しくなれるしね。

　最近わたしは、心配することと甘やかすことは、つくづくそうする人の自己満足だなあと思います。

『THE HONEST LIFE（オネスト・ライフ）』

ジェシカ・アルバ　著（トランスメディア）

　身の回りの化学物質が体や地球にどんなふうに毒となるのか、色々な本を読んだけどこの本はあらゆるものをはっきり危険だと言いながらもその対処法だったり実践していることだったりが書いてあって、ポジティブに知っていける本です。
　実はふかふかだと思って座っていたソファやクッションの中身に使われているものか

ら揮発する化学物質を体で吸収していたり、空気から吸って取り込んでいたりしたんだ。裏の表示を見てもよくわからなかったけど、実はこんなに怖い添加物だったんだ、と、最初は驚きの連続だったけど、まずは知るところから。

そして知った上で前向きにチョイスしていけるように、自分と自分の家族を守れるのは自分しかいない！　と知識を深めていくときに、わかりやすくて参考になった一冊です。

『五感を育てるおむつなし育児』
三砂ちづる　著（主婦の友社）

おむつなしのこともももちろんだけど、三砂さんの赤ちゃんに対する文章を読むと、とても優しい気持ちになったり愛しさが溢れてきたりして、『小さい人』と暮らす日々をさらに素敵なものにしてくれます。

最初は『おむつなし育児』というものが存在すると知らずに、ずっとおむつをつけたままだと気持ちが悪いだろうなとか、環境のことを考えるとなるべく使うおむつの数を減らしたいな、赤ちゃんのお肌のためにも布おむつも併用しよう、という気持ちで自己流で紙おむつを脱がせていました。

そしてなんとなくおむつや赤ちゃんの排泄について調べていたら、おむつなし育児というものが存在することを知って、それについて書かれている本を何冊か読んでみました。

〈紹介する本以外で読んだのは、三砂さんの『赤ちゃんにおむつはいらない』〈勁草書房刊〉という本と、『親子で楽しむ！　おむつなし育児』〈ローリー・ブーケ著／河出書房新社刊〉という本です〉

おむつなし育児というのはルールがあるわけではなく、赤ちゃんとママや他の家族との絆みたいなもの。お互いにできるときだけやってみればいいし、なにも難しく考える必要はなくて、少しずつ色々なことができるように日々チャレンジしている赤ちゃんのサポートだったり、アイデアを提供して、そしてときには一緒にトライして、一緒に一喜一憂することだと思っていて、その失敗や喜びを分かち合うことはわたしの人生にとってなによりの幸せです。

家にいるときはなるべくおむつを外してノーパンでいさせてる、と言うと、じゃあ垂れ流しなの？　とびっくりされることがよくあるんだけど、もちろんおまる以外でしてしまうときもあるけど、「垂れ流し」の状態では、全くないです。

やってみてわかったことは、紙おむつを一日中ずっとつけていると、赤ちゃんのおしっこは小刻みに何度も出るようになること、それと、紙おむつをずっとしていると赤ちゃんの排泄に対する感覚が鈍ったり、排泄についてなにが起きているのか赤ちゃん自身がわかっていなくて、おしっこがいつ出ているのか本人も気づかなくなっていくこと。

その場合はまず、おむつを外しておしっこが出たときに、それが床の上でもどこでも絶対に怒らずに、おしっこ出たね、こうやって出るんだねと本人が自覚できるように促すことで赤ちゃんはだんだん感覚を取り戻して、おしっこの間隔も長くなってくるように思いました。

そして、おまるで排泄することが楽しいことのようにしていたら、トイレトレーニングをしなくても、自発的におまるでしてくれるようになりました。

わたしは（オーガニックのだけど）紙おむつも併用しているので自分たちのできるタイミングのときだけだけど、結果、お互いとても楽だなと感じています。

それと、おむつかぶれにはなにを塗ってあげればいいか、周りでよく談義になりますが、わたしの経験上おむつかぶれにはなにも塗らずおむつを脱がしておいてあげるのが、一番すぐに治りました（息子は一度もおむつかぶれになっていないんだけど、娘は何度かありました）。

わたしは自分の子どもの世話を自分ですることを、なによりの贅沢だと思っています。娘が小さいころは、まだ東京に半分住んでいて現場にも毎日出るような仕事をバリバリしていたから早くからプリスクールに入れたり、現場に連れて行くこともあったけど基本仕事中は誰かにみてもらっていました。

でも息子を産んだときにはもうすっかりハワイに住んでいたので基本は家で仕事をしているし、現場に出るのは年数回の帰国したときだけなので、息子は娘よりも1年以上遅くプリスクールに入れるつもりでいます。

小さな男の子を24時間自分で見ていることはときに重労働だし、やりたいこと、やらなければいけないことを毎日次の日に持ち越してしまうけれど、それでもわたしは、来年には毎日プリスクールに通い出してしまうのかと思うと、やめてー！　待ってー！　汚なーい！　それさわらないでー！　と叫ぶこの1日、1分1秒がたまらなく大切で愛しく感じます。

人から変だと言われることでも、自分なりに子どもたちのことを考えて、こうしてみよう、これが良さそうだと思うことを実践して、それがいい結果を生み出したときなんて、その感動は計り知れないです。

おむつを外していて、漏らされてもすぐに片付けて、おまるですると気持ちがいいよー♡　次はおまるでしてみようねー♡　と、なんとなくタイミングを見計らっておまるに連れて行ってできたときは大喜びだし、いつの間にか見ていなくても自分で勝手におまるでおしっことうんちをしておいてくれるようになったんだけど、あれ？　と気づいておまるをのぞいたときの気持ちなんて、もう、言葉にならない。

息子への誇らしさ、自分への達成感、間違ってなかったんだ、どんなことにもトライしてみていいんだ、一般的に言われていることじゃなくても、自己流で自分たちのやり方を作っていっていいんだ！　と。

それを見ていた夫は、最初はおむつを外してノーパンでいさせることに積極的ではなかったけど、びっくりすることとしてごめんね！　でも、どうしてもやってみたいからやらせてね、と最初にお願いして、漏らしたら彼の手をわずらわせないようになにも言わずすぐさま片付けるようにしていて、はじめのうちはたまに怪訝そうな顔をしていたこともあったけど、それでもいつの間にか、おむつ外しておこうか？　と言ってくれるようになりました♡

早くおむつが外れることだけが大事なわけではないけど、赤ちゃんの桃のようなかわいいお尻が少しでも気持ちよくいられること、そして、楽しみながら感動しながら、赤ちゃんの排泄という生活の中でとても大きなトピックになんとか心のゆとりを作りつつ向き合えたらいいな、この一大事をお互いハッピーに乗り越えていけたらいいなと、そう思っています。

（おむつなし育児の本は他にもあるんだけど、おむつをしている真っ最中のベイビーのママだと、なるべく簡潔に読めるもののほうがいいかな、とこの本を選びました）

『家庭でできる自然療法　誰でもできる食事と手当法』
東城百合子　著（あなたと健康社）

わたしは昔病院にばかり連れて行かれていたし、薬を飲むのが当たり前だと思っていて、いつも風邪薬や痛み止め、胃薬などを使っていました。

でもある経験から、薬は対処療法で根本から完治させられるものじゃないということを知りました。

薬を飲んでいたころは頭が痛ければ頭のことだけを考えていたけど、そう知ってからは自分の体をじっくり観察して、頭が痛い原因はどこからくるのか、体全体で考える癖がつきました。

病院に行ったり薬を飲んだりする前にできることはこんなにもたくさんあったんだと自己治療に励んで、子どもたちや夫にも風邪を引いて炎症のあるときは梅エキスを飲ませたり、お腹が痛いときはこんにゃく湿布をしたり、痒みがあるときは大根の切り口で擦ったり、熱が出たときは適度に熱を取ってくれるキャベツのお帽子をかぶせたり……(笑)。

最近わたしはお灸もしています。

彼ははじめ（10年くらい前）は風邪引いたのに薬飲んじゃダメなんて！　と怒っていたけど、だんだんと薬を飲まないほうが早く治ると言い出し、今ではすっかり薬を飲まなくなりました。

もちろん西洋医学にしか治せないような緊急のことや外科的なことは、こんなにも医学が発達してくれた時代に生まれて有難い！　と病院に行きますが、基本的にはお医者さんに頼る前に自分と家族の体調はわたしが把握して、自然療法で治しています。

わたしは日本の昔のおばあちゃんの知恵が大好きだからこの本は普段の生活にとっても役に立っているし、それ以外にもインドのアーユルヴェーダやドイツのホメオパシー、中医学にも興味があり、その時々で一番いいと判断したものを取り入れています。中医学はとくに体全体で考えていくので自分の体質を把握するのに役立ちます。

わたしはもともと虚弱体質なので自己管理がとても大変なのですが、日々の自然療法で健康管理をしながら自分の体への把握を日々深めています。

体調を崩したときはまず最近の生活を振り返り、食べていたもの、睡眠、体の冷え、精神的ストレスを考えて改善すべき点を見つけて改善していきます。

そんなとき、この本はとても参考になります。

『脳を鍛えるには運動しかない！』
ジョンJ・レイティ／エリック・ヘイガーマン　著
野中香方子　翻訳（NHK出版）

この本は素晴らしい本で、大好きです。

子どもたちがまだ幼いうちは、机に向かって勉強をするより、想像力を働かせて色んな遊びを作り出したり、人間が作ったおもちゃじゃなくて、使い方の決まっていない、予測できない自然なものの中で泥んこになって遊びながら自分だけの考えを生み出してほしくて、プリスクールはお勉強をさせない、土の上で裸足になって遊べる、子どもたちだけの自由時間が毎日3時間あるところをみつけて入れていました。

だけどお勉強もカリキュラムに組み込まれているプリスクールに通ってる、同じくらいの年の子たちはどんどん字が書けるようになったり、計算ができるようになったりして、わたしは選んでやってることだから全然心配じゃなかったけど、「早くやっておいてあげなくて大丈夫？　あとで困るのは娘だよ」とたくさんの愛のある余計なお世話な（笑）心配をされていて、この本はそんなときに出会った一冊。

子どもにとっても大人にとっても、運動がどれだけ大事か脳科学的観点からの研究結果を書いているんだけど、その結果を知れば尚更今のままとにかくお勉強より毎日体を動かして過ごさせよう！　と、（間違ってると思ってなかったけど）わたしのしていることは間違ってなかったんだ！　と、自分の選んでいるやり方の結果を示してくれた偉大な一冊です。

適度な運動が大切だというのは誰もが知っていることだけど、それ以上に脳にとっても一番大事なのは運動だったということがわかるし、子どもの成長にも、大人のわたしたちにも、肉体的なことだけではなく精神的な部分に運動がどのように作用するかが書かれているので、ほとんどのことは運動すれば解決するんだということを知ることができました。また、子どものうちにたくさん運動した子のその後の調査結果も書いてあるので、勉強しなくてもいいから運動しててねと心から思える、わたしの育児方針に太鼓判を押してくれた一冊です。

落ち込んだらとにかく思いっきりダッシュで走ればいい♡

モノの価値と自分たちの生き方

わたしは、Love the Earth blue（ＬｔＥ）というオーガニックコットンブランドを約４年前に立ち上げた。

世界で2番目に多く農薬が使われているのがコットンの栽培だと知り、農薬を使わずコットンを育てる農家を応援したい、世界中の土を農薬から守り綺麗にしていきたいと思い、小さくてもなにかできることをしようとこのブランドを始めた。

オーガニックコットンを使ったり縫製工場で働く人たちにフェアな額のお金を払って商品を作ったりするとどうしても商品の価格が上がってしまう。安いモノが溢れる今、うちの商品は下代が高過ぎて、その分できる限り自分たちの利益を減らした上代にしているから今のところまったく利益を得られていない。ビジネスとしては頭を抱えながら試行錯誤を続けているブランドだけど、わたしにとっては学ぶことがとても多く、今も少しずつ稼働させながら大切に育てている。

現代社会はモノをいかに安く買うかばかりが重要視され、その裏側で起こっている史上最悪な環境汚染や、発展途上国の最低賃金で働く労働者から人としての権利を奪っているということに目を向けている人は、とても少ないように思う。

わたしもつい最近まで、その一人だった。２０００年を過ぎたころからファストファッションが台頭し、今季の流行の服を安く気軽に買うことができるようになった。でも流行は一瞬で終わってしまうことや、最大限安く作るために使われる素材はほとんどが石油由来の合成繊維であるため、脆《もろ》く長持ちしないことから、わたしたちは使い捨てるように服を着るようになった。

ファッション産業での環境汚染は石油産業に続き第2位となり、わたしたちが安くイマドキの服を買う代償として発展途上国の貧困問題は加速し、地球はものすごい勢いで汚れてる。

服を安く作るために使われるポリエステルは衣類の60％に含まれていると推測されていて、わたしたちが洗濯する化学繊維でできた衣服から流れ出すマイクロプラスチックは毎日想像を絶する量が海に流れ込んでいる。

わたしたちが使い捨てた服は世界中で１秒ごとにトラック１台分が捨てられているけ

ど、化学繊維は生物溶解されず有毒なガスを発生させながらその大半は何百年も地球に停滞する。

ファストファッション産業で問題なのは環境汚染だけではない。安く服を作るために最低賃金で働かされている労働者たちからの不当な搾取もまた、知るほど心が痛む。

企業の価格戦争で他より１円でも安く服を売るために彼らの賃金はどんどん下げられる。工場側は企業にその額ではできないと断ることはできない。それなら他の工場を使うと言われ仕事を失うので、彼らに選択の余地はない。

彼らの現状を知りながらその条件を強いるのは卑怯な勝ちゲームだと思う。

労働者たちの中には子どもを田舎に預けて自分は縫製工場で働き詰めの生活を送り、愛する我が子には年数回しか会えない母親もいる。

そこで稼いだお金を仕送りする以外で子どもを育てる手立てが彼女にはないから、そうせざるを得ないのだ。

それでも彼女たちがその縫製工場で稼げる額は、ひと月に平均で１万円くらいらしい。

我が子と離れ離れになるしかない母親の気持ちを考えると、涙が止まらなくなる。

彼女たちが住む国はそれらの仕事が生み出す税金や建前上の就業率が必要だから、最低賃金の引き上げといった不当な労働に対する抗議は受け付けない。たとえそれが平和的なデモであっても、軍事力によって鎮圧された例などもある。

彼女たちにはなす術がなにもないのだ。

理不尽な現状を抱えたまま劣悪な環境のもとで働かざるを得ない人たちが作る安い服を取っ替え引っ替え着て自分を綺麗に見せることは、果たして本当に素敵なことなのだろうか。先進国と言われる国に生まれたわたしたちは、これからをどう生きるのか、なににお金を払うのか。遠い国の人たちの現実も知らず、自分たちだけがよければそれでいいという悪魔のようなモノの消費の仕方をやめ、立ち止まってじっくり考える必要がある。わたしたちには、いくつもの選択肢がある。そしてそれはとても強く、そのうねりが大きくなれば世界を変える力さえある。

まずはわたしたちが意識を変えることでしかこの現状は変わらないのなら、安ければ良いという考え方自体が世界中で貧困を加速させているという現実を常に意識する癖をつけて、世界中の人たちが当たり前の権利と選択肢を持てる世界を作るため、誠実なチョイスをしていきたいと思ってる。

本当の意味でのフェアトレードが、世界中で当たり前になる日がくるように。

肉を食べるということ

わたしは子どものころから、できれば蚊も叩きたくないくらい生きてるものを殺すのが嫌いで、でも肉も魚も食べる家に育ち、もう動かなくなっている生き物に対してはなにも感じず当たり前のように食べていた。

そんなわたしに事件が起きたのは中学生になり芸能界に入って、大人たちが素敵なレストランに連れて行ってくれたときのこと。

いかにも高級そうな鉄板焼きのお店で、上品で物静かなシェフがわたしにとっておきの大きなロブスターを見せた。

ロブスターは輪ゴムではさみを押さえられ、それでも元気に動いてた。

最近までザリガニ捕りに夢中だったわたしは、その黄金のザリガニ（ロブスター）にときめいて、連れて帰って飼いたい！　と言ったけど大人たちは笑って、あれよあれよという間にその黄金のザリガニはわたしの目の前で真っ二つにされ、じゅうじゅうと焼かれてしまった。

わたしにとってそれはとてもショッキングな出来事で、命を食べるということについて考える大きなきっかけになった。

それからはいつも、どんな形をした生き物だったかもわからない命のかけらを食べる度、これも生きて動いていて、そして誰かが殺したんだと考えるようになり、口の中で味わって体内に入れるものについて、なにも知らないなんて自分勝手で不自然だと思うようになった。

仕事にも東京にも嫌気がさして沖縄ばかり行っていた20代のころ、仲良くなった漁師さんにいつも一緒に船に乗せてもらっては本物の漁を見てきた。

竜宮城のような美しい海の中で楽しそうに泳ぐ色とりどりの魚たちを次々に仕留めていく漁師たち。彼らには申し訳ないけど、わたしは心の中で魚たちに向かっていつも、逃げてー！　と叫んでた。

船に上がり目の前で仕留めた魚をさばいて食べさせてもらったとき、それはいつも食べている命のかけらになっていて、黄金のザリガニを食べたあのときからずっと感じていた違和感が、次の段階へと向かうきっかけになり、いつしかわたしは自分で銛《もり》を持って海に入るようになった。

海に潜り、自分も危険な目にあいながら命同士フェアに顔を突き合わせ、楽しそうに泳ぐ魚を自分の手で捕まえた。

わたしがこの命を捕まえなければ、この魚はこのまま楽しく海の中で暮らしていけるのに。自分の手で命を奪うことはとても悲しかったし、感謝してもしきれない命の重みを感じて、今まで持ち合わせていなかった種類の責任を感じた。

もらった命のためにも後悔はできない。取り返しのつかない現実を、わたしは真っ直ぐ受け止めた。

ハワイで暮らすようになってからは、周りにベジタリアンやヴィーガンの人がたくさんいて、動物を食べない生き方に興味を持つようになり、ヨガにはまってからはわたしもしばらくお肉を食べない生活をしていた。

わたしがティーチャーズトレーニングを受けたヨガの師匠もヴィーガンで、その理由は自分がされていやなことは他の命にもしたくないというシンプルなもの。わたしはその考えが大好きだしどこか憧れもあったけど、そのときはまだ深くは知らなかった。

そのころのわたしのベジタリアンライフは夫の反対を受け続け、わたしはまたお肉を少しずつ食べる生活に戻っていた。

そんな時代を経て、わたしたちが完全にお肉を食べるのをやめることにしたきっかけは、一羽のワイルドチキン（野生の鶏）だった。

ハワイのワイルドチキンはどこにでもいる見慣れたものだったけれど、うちの近所にはいなかった。

それがあるときから、一羽のまだトサカも生えていないチキンが娘のツリーハウスに遊びにくるようになり、いつの間にか娘とチキンは友達になっていた。

ハワイで見かけるワイルドチキンはほとんどが群れで行動しているから、きっとうちにきたチキンは小さなころに群れから逸《はぐ》れてしまったのだと思う。

誰からともなくコッコと呼び始めたそのチキンは少しずつトサカが生え始め、数ヶ月経ったある日突然娘のツリーハウスの2階にたまごを産んだ。

わたしたちにはそのチキンがオスなのかメスなのかすらわかっていなかったし、少しずつ娘になつき始めていたけれどどこまでいっても野良だから、まさかそんなところにたまごを産んだなんて、わたしたちからしたらとってもびっくりなサプライズギフトだった。

そんなきっかけから、わたしは鶏の生態系やたまごなどについて調べ始め、現代の畜産における信じられない事実を次々知ることになった。

もちろんそれまでも、平飼いチキンや抗生物質無投与の自然なたまごを選んだり、チキンやたまご以外でもグラスフェッドビーフやノンホルモンの豚肉を選んだりしてはいたけれど、わたしの見てきたそれらの情報は想像以上に残酷で目を逸らしたくなるものばかりで、もう知らなかったと自分勝手な日々を送りたくなくてさらに深く知るためにたくさんの本を読み、そしてたくさんの映像を見た。

わたしは、今まで食べてきた動物たちは大切に飼育され、殺されるときも恐怖も苦しみもない中で一瞬で処理されていると、なにも知らず漠然と信じていた自分の無責任さを思い知った。

数年前は肉を食べないことに反対していた彼も、たくさんのドキュメンタリーや映像を見た結果、肉を食べることをやめた。

彼は、「工業型畜産のシステムには環境問題や動物虐待以外にも大きな問題があり、今肉を食べるということはそれらの問題から目を逸らすことになる」と言っていて、この問題だらけの世の中に対してわたしもまったく同じ意見だし、ただ単純に動物たちにこんなことをしていいはずがない、かわいそうだとしか、思えない。

フカヒレ加工の残酷さは有名で、それゆえ食べない人も多いと思う。世界三大珍味と言われるフォアグラは、ソーシャルメディアの発展からその残酷さが広まり反対運動が起きているけれど、果たして、鶏や豚や牛などわたしたちの食卓で毎日見かけるこの動物たちがお肉になるまでにどんなふうに扱われ、どれだけの苦しみの中で殺されていくのかは、どれだけの人が認識しているのだろう。

日本人は平均で一人当たり年間約３３０個（平成30年度）のたまごを食べている、世界第２位のたまご食大国。確かに日本のたまごはどれでも生で食べられるほど安心で、なにより信じられないほど安く手に入る。

自分のブランドを始めてから、商品を安く売るには必ずどこかにそれなりの犠牲が生じていることを知ったけど、たまご産業で犠牲になっているのは紛れもなくかわいい鶏たちだった。

日本の採卵鶏の飼育方法は現在も90％以上がバタリーケージで飼育されていて、生まれてすぐに雄は生きたままシュレッダーにかけて殺され、雌は麻酔なしでくちばしを焼き切られる。鶏にとってくちばしは生きていくためにとても大事なパーツだし、神経も通っているからその痛みは想像を絶する。

バタリーケージとは鶏の体積よりも狭い檻をいくつも積み重ねたもののことで、採卵用の鶏はこの檻に閉じ込められる。自分の体積よりも狭いのだから、歩くことも向きを変えることも羽を広げることもできない。

バタリーケージは金網でできていて上下左右に閉じ込められている鶏が見えている構造で、わたしたちにとっては人混みの中のようなもの。

鶏はたまごを産むときは本来１羽だけになり、入念に選んで決めた安心できる場所で隠れて産卵する生き物なのに、ここではそれが許されずそのプライバシーが何ひとつない狭い檻の中で本能に逆らい産卵するしかない。

この苦痛は、わたしたち人間が一番混んでる時間帯の渋谷のスクランブル交差点の真ん中で用を足さなければならないくらいの苦痛だそうだ。

そんな中、やっとの思いで産み落としたたまごは人間が取りやすいように檻が傾斜していて、産んだ瞬間に外へ転がり落ちるようになっている。

採卵用のニワトリは生後４ヶ月くらいからたまごを産み始め、徐々にたまごを産むペースは落ちても大切に飼育すれば10年ほどの寿命があるけれど、たまごを産むピークである１年半から２年でほとんどが殺処分され、空いたバタリーケージの中には次にピークを迎える鶏に総入れ替えされる。

鶏は本来一日の中で何度か土浴びをする。それは主に、体についた寄生虫を落とすためで鶏の健康維持に欠かせない大切な行為なのに、ここではそれができないので代わりにスプレーで殺虫剤が撒かれる。鶏にとって体が濡れること自体大変な苦痛であるし、殺虫剤が残留しているたまごが売られていることもあるらしい。

ピークを過ぎた鶏の入れ替えをする日、彼女たちは生まれて初めて日光を浴び、外の空気を吸う。

処理場へ向かうときもその扱いは酷く、ケースにぎゅうぎゅう詰めにされ、殺される順番を待つ間、長いと丸一日食べ物も飲み物もなにも与えられない。

鶏の１日は人間の１週間に当たるらしい。

彼女たちは人間にたまごを提供するためだけにこの過酷な一生を過ごし、殺される時も逆さ吊りで個体によっては意識のあるまま首を刎《は》ねられ死んでいく。

ここまで書いたことは全て今現在も起きている現実で、わたしたちが美味しいと食べてきた幸せの象徴のようなたまご焼きやパンケーキ、プリンやアイスクリームは、どこかで鶏がこんな目にあいながら産んでいるたまごで作られていたものかもしれない。

このやり方はＥＵでは違法になっているけど、日本ではまだなにも規制されていない。

バタリーケージも世界では規制されていたり廃止に向かっていたりするのに、日本でその動きは今のところ見られない。

ハワイに引っ越してきたときケージフリーと書いてあるたまごを知って、なんとなく閉じ込められていないであろうたまごのほうがいいかな、とそれを選ぶようになったけど、後にわたしはこの現実を知り、お金を払って購入するものに責任を持つことはとても大切なことだと改めて思い知った。

養鶏場の方だってもしかしたらこのやり方を改善したいかもしれない。

でも状況を変えるには改善するための費用の回収に時間がかかり、現状から抜け出せなくなってしまっているのかもしれない。

苦しんでいるのは採卵鶏だけではない。

日本で食べられている鶏肉の約９割がブロイラーという、早く体が成長するように品種改良された鶏で、この鶏たちもまたとても苦しく悲しい一生を過ごしている。

ブロイラーは生まれてから50日で出荷できるように品種改良されていて、出荷されるときは３キロほどの大きさになる。

自然に反してどんどん体が大きくなってしまうから、心臓に負担がかかったり、自分の体重を支えることができず倒れたまま起き上がれなくなる鶏もいる。

出荷される50日目は本来まだ子どもであるから、体は不自然に大きくても鳴き声はピヨピヨとひよこのまま。

人間が食べるためだけに不自然に作られ殺されていくこの鶏たちにも、痛みだって苦痛だって恐怖だってある。

豚は生まれてきてすぐに歯を焼き切られたり、尻尾を切断されたりする。雄の豚は睾丸を引っ張り出される。そしてこれらの処置は、どれも麻酔を使わずに行われる。

妊娠ストールという檻に入れられ、向きを変えることも産んだ子どもたちを自分の思うようにケアすることも許されない檻に閉じ込められた母豚の悲しみと絶望に溢れた瞳を、わたしは一生忘れない。

乳牛は人間用のミルクを取るためだけに人工授精され、生まれてきたばかりの子と母はすぐに引き離され、雄の牛のほとんどは生まれて直ぐに殺される。

牛はとても温厚で女性的な、母性の強い生き物。

サンクチュアリーに保護された牛を見る度に、こんなにも心が通って、優しくて、友達だとしか思えない動物を食べていたと思うと、自分が悲しくなる。

人間が育てやすいように動物たちのくちばしを切ったり睾丸を取り出したり歯を焼き切ったりすることを、なぜ麻酔をせずに行うのか。

理由はただひとつ。消費者であるわたしたちが1円でも安くそれらの食材を買えるようにするため。

彼らはわたしたちができる限り安く買い物をするために、痛みと恐怖に怯えながら死ぬまでなんの権利も持たず一生を終えていく。

食用以外にも革製品にされる動物や実験動物、劣悪な環境で飼育するブリーダー業者や人間都合の殺処分、動物園や水族館など、わたしはこの世界にある人間と人間以外の生き物の間にある境界線に絶望してしまう。


世界的に行われている工業型畜産による自然破壊もまた、一刻も早く止めなければならない大きな問題になっている。

家畜と呼ばれる動物たちを飼育するための場所と、その飼料を栽培するための場所を確保するために次々に大切な森は焼かれ、毎年７６０億匹飼育されている家畜の排泄物で川は汚染され、不自然に増やされている家畜たちの出すおならやゲップで大量の温室効果ガスが発生してる。


世界では今も7億人以上の人が飢えに苦しんでいるけれど、家畜に食べさせるための飼料を使わなければ、35億人を養える量になるらしい。

１キロの牛肉を生産するために必要な飼料は約11キロ。

家畜用の飼料の栽培方法もまた問題で、動物用穀物は人間用の食べ物よりも規制が緩く、多くの農薬や化学肥料が使われる。

お肉を食べないと栄養が偏る？　貧血になる？　子どもにお肉を与えないと大きくなれない？　そう思っていた時期もあったけど、栄養についてわたしなりにちゃんと調べた結果、今はそう思わない。

農薬や抗生剤が残留し、病気に苦しみ、一生を恐怖と絶望のなかで過ごし苦しんで殺された肉は、人間にとって本当に必要な栄養素になるのだろうかとすら思ってしまう。

わたしがお肉を食べるのをやめたとインスタに書いたとき、たくさんの厳しいご意見をいただいた。子どもたちがかわいそうとまで言われた。

だけどわたしは子どもたちに自分の意見を押し付けるつもりもないし、彼らがお肉を食べるか食べないかは自由だと思ってる。

でも、なぜわたしたち（夫とわたし）はもうお肉を食べないのかはきちんと説明するし、自分の知っていることは教える。

全てのことにおいてそうだけど、知った上で彼らがなにをチョイスしようとそれは彼らの自由で、その分自分の人生に意思と責任を持って生きてもらいたいと思ってる。

ヴィーガンは、動物性のものを一切食べたり使ったりしないという理念で、アニマルウェルフェアを唱えている人たちは動物を食べることを前提とした動物福祉の向上を目指している人たち。その方々の意見交換を度々目にする。わたしは、今の世の中で世界中の人が工業型畜産で育てられたお肉を一斉に食べるのをやめることは不可能だと思ってる。

わたしだってお肉はもう自分で選んで食べないけどヴィーガンではないし、それぞれの生き方や価値観は変わっていく可能性はあるけど現時点で確立されている。

その中で大事だと思うのは、みんなが現状を詳細まで知ること、知った人からまだ知らない人に伝えていくこと。

妊娠ストールやバタリーケージ、麻酔なしのあらゆる暴力的処置は今すぐにでも廃止していってほしいと願ってしまう。

この状況は毎日安くお肉を食べてきたわたしたちが作ってきてしまったものだけど、この現実を知ったらきっと今すぐにでも変えなくちゃいけないと思う人がたくさんいると思う。

工業型畜産における環境破壊、動物たちの苦しみは今現在も増え続けてしまってる。

わたしたち一人一人が向き合い変えていけるように取り組めば、それぞれは少しの変化でも環境破壊にとても大きな改善がもたらされるし、動物たちが最後には殺されてしまったとしても、毎日毎日苦しんでいる状況を一日でも早く改善していける。極論を言って何も変えていけないより、まずはできることからだと思ってる。

動物の尊厳も守れない社会構造のまま環境破壊を繰り返して、自分たちの発展だけをこれ以上追い求めていても、未来に希望を感じることはできない。

みんなでひとつずつ変えていくしかないよね。

わたしはたくさんの環境活動家の方々や、ヴィーガンの方々の発信に勇気づけられる日々です。

とにかく自分にできることをやろう！！！

わたしのブランドLove the Earth blue（LtE）から出した、オーガニックコットンの何度も使えるコットンパフ。

土に還る、植物で作られたecoゴミ袋。

ラップの代わりに何度も使えるコットンのカバー。これ、すっごく楽だし便利！

こちらもLtEで出したオーガニックコットン巾着。野菜以外にも使い道は自由です。わたしはたまに子どもたちのお弁当箱を入れたりもしてます。

左はキッチンペーパーの代わりに使っているアンペーパータオル。右はティッシュ代わりに使ってる小さなハンカチ。

こちらも何度も使えるシリコン製のキャップ。半分残ったオレンジやりんごを冷蔵庫に入れたいときにもラップ代わりに使えるし、なんでも蓋できちゃう優れもの。

昔はナイロンやポリウレタンでできている食器スポンジを使ってしまっていたんだけど、そのスポンジから大量のマイクロプラスチックが海に流れ込んでいると知ってからは、100%植物性のスポンジしか使わなくなりました。意外と洗いやすいの！

形が丸くないものや、包みたいものにはビーズワックスラップ。

掃除には洗剤を使わなくてもセスキや重曹があれば十分。右の小瓶はエッセンシャルオイルなど100%ナチュラル成分でできたクリーナーで、何度も使えるガラスのスプレーボトルに小瓶の中身と水を入れて使います。買い足すときは小瓶だけ買えばいいからとってもeco。

ショッピングバスケット。頑丈だしなにを入れるのにも適していて使いやすい！

空き瓶をとっておくなんておばあちゃんみたいだし、なんだかケチな気がして恥ずかしい！　なんて思っていた昔のわたしに説教したい（笑）。今は空き瓶も有効利用。保存用器はシリコン製のものやガラス製のものを使っています。

メイソンジャーは何個あっても便利。ストローはステンレス、息子にはシリコン製のものを。

まずは知ることから。
わたしの人生観を変えたドキュメンタリー

『ドミニオン』


2018年にリリースされたオーストラリアの畜産や毛皮などに使われる動物たちの扱われ方を追ったドキュメンタリー。

その映像はどれも目を覆いたくなるようなものばかりで直視していられないけど、わたしたちのテーブルに並べられるお肉は、命ある動物を殺していただいているもの。

これはオーストラリアの話だから現実的ではないような気がするけれど、アニマルウェルフェアにおいての日本のランクはオーストラリアよりさらに低い。

お金を払って選ぶものはどこでどんなふうに作られているのか、知った上で選択する義務を痛感させられる。

お肉が食べられなくなりそうで見たくないなんて自分の都合だけを考えた無責任な生き方をもうしたくなくて、目を覆いながら見た１本。

『デーヴィッド・アッテンボロー 地球に暮らす生命』

人間によって自然がどれだけ破壊されてしまったか、それによってどんな未来が待ち受けているのかを見つめるドキュメンタリー。今地球は本当に大変なことになってしまっている。でも、今からでもできることがまだまだあるんだと希望と知識が持てる1本。

『WHAT THE HEALTH』

記憶に新しい2015年の衝撃的発表。ソーセージやハムなどの加工肉は発癌性があるとしてWHOは加工肉をタバコやアスベストと同じレベルのグループ1に分類した。わたしたちがいつの間にか当たり前だと信じていた栄養学は、本当に健康的なものなのか。今後食べるものをどう選んでいくのか考えさせられる1本。

『ザ・トゥルー・コスト』

地球環境の汚染原因第2位であるファッション業界の裏側に迫ったドキュメンタリー。
発展途上国の労働者たちは過酷な労働環境で働き、服が低価格化することに反比例するように高い代償が払わされている実態や、わたしたちが使い捨てのように着て処分した服を貧困国に送り、そのゴミの山からは有毒なガスが漏れ続けている現実。
モノの消費の仕方を考えるきっかけを与えてくれる1本。

四角大輔さんと話した、これからの生き方

娘がいつか行きたいと思っている学校があり、そのスクールツアーに参加するため家族でニュージーランドへ行ったときのこと。

共通の友達を介して四角さんが連絡をくれました。ひなのちゃんのこと、女性版の僕がいる！　と思っていたんだ、という四角さんの言葉に、一瞬で昔から知っているような気持ちになって、そのときから常にわたしは四角さんにハートオープン！

四角さんは日本の超売れっ子プロデューサーを経て、10年前からニュージーランドの湖畔で半自給自足の夢のような暮らしをしていて、未来からきたの？　って思うくらい時代を先取りして生きている。

四角さんの発する言葉やメッセージ、その姿からは、わたしだけじゃなくみんなもインスピレーションをもらえる部分があるんじゃないかなと思っています。

地球にとって自分にとって嘘のない生き方をしたい

ひなの

ニュージーランドで四角さんに初めて会ったとき、「これからは、自分にとって、家族にとって、そして地球にとって、本当にいいと思うことしかしない生き方をしていきたい」という話をしたら、四角さんが「ひなのちゃんだったら、絶対できるよ」と言ってくれたのが、とっても嬉しかった！

それは簡単なことじゃないと実感しているし、ほと

んどの人が「絶対無理だ」と言うのを知っているから。8年前にわたしがハワイに移住すると言ったときも、周りの人たちに口を揃えて「絶対不可能だ」「できるはずがない」と言われたし。

四角
日本には、〝ドリームキラー〟がものすごくたくさんいる。
僕は子どものころから「変わった人扱い」されて、11年前に東京のレコード会社を辞めるときも「は？なに考えてんの？」と言われまくった。人の挑戦を否定する人たちは、ありもしない「一般常識」や「これが当たり前」という実体のないものをベースに、根拠なくそう言っているだけ。早くからそれに気づいた僕は、そういう意見は全無視してきたの。

ひなの
本当に自分がいいと思うことしかしないって、すごく勇気がいる。

今やっているビジネスには誇りをもっているけれど、100％やりたいことだけをできているかというと実際のところはそうじゃない部分もある。

これからは、それらひとつひとつを自分の中できちんと昇華して、自分が信じることをもっとピュアに突き詰めていきたい。

だけど社員のお給料が払えなくなるようなことは絶対になしだし、自分たちの生活もあるから、そのチャレンジはとても大きなこと。

でも、きっとできると信じて、諦めずにシフトしていってます。

四角
ひなのちゃんからその話を聞いたとき、超ワクワクした。それまでの経験上、心の真ん中が喜ぶときは大体うまくいくんです。
ひなのちゃんが今やろうとしている暮らし方・働き方は、8年前のハワイ移住もそうだけど、「道なき道」だよね。でも、当時の日本にはそういう生き方に挑戦する人はほとんどいなかったけど、海外ではジェシカ・アルバのように新しい地球に敬意を払う価値観や倫理的なムーブメントを作ろうとする人たちはたくさんいた。そして日本も今まさにそっちにシフトし始めているなと感じてる。

実際、今の10代、20代って、「地球のためにこうしなきゃ」と頭では考えてなくて、もっと、本能的に「今のやり方、おかしくない?」と心で感じている人が驚くほど多い。ひなのちゃんが先頭に立ってくれたら、若い子たちは勇気をもらえると思う。ついに日本も変わるぞ! って本気で思ってるよ。

自分が生きていることに罪悪感があった

ひなの
人間は生きているだけで地球を汚してしまうから、罪悪感を感じることがあったの。突き詰めて考えると、最大限できることって生きることをやめることなんじゃないか! って。

四角
僕も子どものころから、人間ってなんのためにいるんだろう? ってずっと考えてた。呼吸するだけで二酸化炭素を出して、生きてるだけで環境に負担をかけている。そんな自分を棚上げして、人間否定しているところがあった。自分も人間なのに(笑)。

ひなの
でも今、四角さんは、一回きりの人生を、どういうふうに生きていくのか? という前向きなメッセージを発信していて、そこには、人間に対する深いレベルの愛を感じます。
四角さんは、生まれながらに愛を持っていたんですか? それとも、あるときから愛が芽生えたんですか?

四角
子どものころから、自分には愛がないと思い込んで、「もっと優しくなりたい」ってずっと願ってた。変わったのは30代半ばくらいかな。レコード会社でプロデューサーになって、超ピュアな生命体であるアーティストと長い時間過ごすようになったのがきっかけ。
純真な心を持ったまま正々堂々と人前に立ち、顔と名前をさらけ出して必死に表現する人がいることに、ものすごく感動した。
そこからちょっと人間を信じて全てを愛してみようかと思えるようになったんだよね。

ひなの　そこから切り替わったんですね。

四角　まだあと何十年かチャンスがあるわけだから、残りの人生全てを人間の可能性に懸けてみようかと思ったんだ。

コロナ禍によってもたらされた変化をどう受け止めていくか

編集部　今回のコロナ禍をきっかけに、人生観や暮らしに大きな変化はありましたか？

ひなの　すごく単純なことでいうと、わたしは一年に3〜4回日本に帰っていたんですが、それができなくなったことで、一度も帰らなくても成り立つビジネスモデルを築き上げるぞ！　というきっかけになりました。

そして、コロナ禍をきっかけに、色んなことがよい方向に向かえるんじゃないかという期待がすごくあります。これをチャンスにするしかないかなと。

わたし自身仕事をたくさん失ったし、世界レベルで本当に大変な状況になってしまったけど、人間が移動しなくなったことで空気がすごく綺麗になって毎年何万人と大気汚染で亡くなっていた子どもたちの命が救われたりと、ここで気づけたことはとても大きかったと思う。

買い物をしなくても工夫すれば生活は成り立つし、ものを所有しなくても楽しめることもわかった。

わたしなんて、今はただひたすら自分の家の庭で穴を掘ってる（笑）。それがもう楽しくて。

四角　庭のオーガニック菜園と果樹園を倍増させているので、僕も毎日穴掘ってる（笑）。

ひなの　子どものころって、こんな単純なことが本当に楽しかったじゃないですか。こっちが本質なんじゃないかという気がする。

四角　そうだね、すごく本質的だと思う。大自然に遊んでもらうことが、なにより楽しくて気持ちいい。

ひなの　四角さんは、コロナ禍でどんな変化があったんですか？　生活的にはあまり変わらなそうだけど。

四角　愛する家族がいて、雨露をしのげる家屋があり、ちゃんとした食材が最低限あって、四季に適した服があれば、他はなにもいらない、というのが僕の考えで。食材と水を自給しながら、普段から湖畔の森の自宅に引きこもってたから、国はロックダウンしたけど、僕らは全然困らなかった。

そして、ひなのちゃんも言うように、今回の惨劇は人類にとって変わるチャンスでもあると思う。もしこれで変われなかったら、もうダメかもしれないかっていうくらいの最後のチャンス。これまで、人間の可能性に懸けて発信してきたけど、自信をなくしたり、無理かもしれないと思ったりすることも何度もあった。でも、今回のコロナ禍をきっかけに、もう「諦めることをやめよう」と決めたんだ。

“Down to Earth”
——自分の軸を大地に戻す

ひなの　わたしがひとつだけ気をつけているのは、「もうすぐ元に戻るね」とは絶対に言わないということ。目指すべき場所は、元の世界ではなく、新しい世界や価値観。そういうことを話していけたらいいなと思っています。

四角　僕もまったく同じ考え。さらなる僕らの共通点は、自分に正直であり続けようとしている部分と、自然に根差して生きようとしている部分。

最近使うようになった言葉に、〝Down to Earth〟というのがあるんです。日本語では〝地に足をつける＝しっかりする〟と訳される場合がほとんどだけど、欧米では〝あなたらしく生きてるよね〟〝自分をちゃんと持っているよね〟というニュアンスで

“You are down to earth.”を使うことがあるんです。“earth”には、リアルに“大地・地球”だけじゃなく“自分自身の根源”という意味もある。まさにひなのちゃんの生き方にぴったりの言葉だと思う。

パートナーシップと子どものこと

四角　僕はいつも「人間が依存していいのは自然だけ」と言っています。人間はそもそも自然の一部だから、むしろ僕たちは自然に依存しないと生きていけない。
最近そこにもうひとつ加わったのは、一生を共にする人生のパートナー。組織や制度、他人には依存すべきじゃないけど、自分のライフパートナーにだけは思いっきり頼っていいと思っている。知人に裏切られたり、会社が倒産したり、資本主義が崩壊したりしても、健全な自然環境と本気で頼れるパートナーがいれば、人間は大丈夫なんじゃないかなって。

ひなの　本当？　わたし夫にすごく頼っていて、彼がいないとできないことがいっぱいあるし、彼がいないと話せない人がいっぱいいる。彼の肩越しにしか世界と関われないときもあって、これじゃ駄目だな、と思ってた。

四角　相手がそれを負担に感じず、心から受け止められるなら全然いいと思うよ。それが真のパートナーシップだしね。

ひなの　うん。今はそうしているうちにいつの間にか彼がいなくてもどんなときも大丈夫になっていくんだろうなって思ってる。

四角　ちなみに、子どもは昔から欲しいと思っていたの？

ひなの　わたしは小さいときからずっと母親に「こんな時代に子どもを産んじゃダメ」と言われて育ったから、子どもが欲しいとか考える前に、産まないものだと思っていたの。

でも、彼に出会って、彼に「もしお母さんのお腹の中に戻って選べるとしたら、生まれるか、生まれないか、どっちを選ぶ？」と聞いたら、「生まれるに決まってる」と即答した。わたしはびっくりして、「生まれたら、苦しいこと、悲しいこと、あり得ないことだらけだよ。それでも生まれるって、どうして？」と聞いたら、彼の答えは「それが普通じゃん。だって、ただの命だから」って。「ただの命をやっているだけなのに、生まれないほうを選ぶ意味がわからない」って言われて、すごく衝撃を受けたの。

子どものことについても、「この先どうなってしまうかわからない地球に子どもを産み落とすってどうなの？」とわたしが聞いたら、「動物がそんなこと考えてると思う？　動物として、命として、生き物として生まれてきて、当たり前のことだもん」と言われて、そこで初めて子どもを欲しいと思うことに対して罪悪感を持たなくていいんだと思った。

四角
震えた。旦那さんの「ただの命」っていう言葉、めっちゃいいな。

ひなの
彼は色んなことをシンプルに考えているんです。今回のコロナ禍もそうだけど、この先10年後、20年後って、予測できない色んなことが起こると思うんです。

でも、きっと子どもたちは、なにがあっても自分は生まれてきてよかったって思うだろうって、感じられる。

もっと言うと、わたしは、この三つの命がこの世に誕生したことに対しての責任は自分にないと思ってるのね。それは責任逃れとかでは決してなく、この人たちは生まれたいから生まれてきた。その手伝いをわたしはしただけだって思ってる。

だからこれからどう生きていくかは自分たち次第。もちろん、子どもだから教えなくてはいけないことは教えるんだけど、子どものほうがずっと感覚が優れているから、それをいかに邪魔しないかに徹してる。彼らの生命力と感覚を信頼して、自由に生きていってもらうだけ。

四角

その話を聞いていたら、自然や命がより愛おしくなって、痺れた。そして、改めて子どもが欲しいなって思いました。ひなのちゃんの子育て論が大好きなので、子どもができたら、ぜひ色々教えてね。

四角大輔

ニュージーランドで森の生活を送る執筆家。
Greenpeace Japan、環境省、Earth.Org、パワーシフト、ユナイテッドピープル等の社会派アンバサダーを務め、新しい生き方を指南するオンラインサロン〈LifestyleDesign.Camp〉主宰。
著書に、『人生やらなくていいリスト』『自由であり続けるために 20代で捨てるべき50のこと』『バックパッキング登山入門』等。レコード会社プロデューサー時代に、10度のミリオンヒットを記録。

風の時代

２０２０年年末、２００年以上続いた地の時代が終わり、風の時代が到来したと騒がれた。

今思えば地の時代は好きじゃなかった。

自分の意見を言うと批判されたり、自分は自分、他人は他人という境界線を持てば持つほど変わり者扱いされたりして、周りを見回してなんとなく生き方を揃えていた時代。

時代の移り変わりにはコロナ禍も手伝って、世界中の人の価値観が一斉に変わるような、今まで味わったことのない空気感を感じた。

でも古い時代はそう簡単に消え去ってはくれず、新しい時代の邪魔をしながら往生際悪くだんだんと幕を閉じていってる。

時代の変化に伴った激動は今も継続していて、日によっては白いモヤの中にいるような、また別の日には希望をみつけられるような落ち着かない日々が続いている。

でも、このタイミングでのひとつの時代の終わりは、わたしに勇気を与えてくれた。

星の位置で決まる時代の特徴は正直よくわからないけど、そんなことはわたし以上にわからないであろう頭の硬い古い価値観のおじさんたちでさえ時代の変化を感じ、認めている。

今この時代は、堂々と変わるチャンス。過去にしがみつかず、いかに手放せるか。

今までずっと思ってたけどできなかったことを、時代のせいにして全てトライしてみればいいと思ってる。

目の前の生活に追われて自分の心に蓋をして向き合ってこなかった数々のことをこれからもそのままにしておくと、古い時代と共に自分も取り残されてしまうことがわかるから、立ち止まって自分の深い部分とじっくり向き合いひとつひとつ整理していく必要がある。

わたしは、生きているうちにこんな時代に突入することができて、とても嬉しく思ってる。


ずっと、堂々とそんなふうに生きていきたかった！

振り返ればこれまでのわたしの生き方は、古い時代の価値観に反していたから、思うがままに生きるには常に大きな代償と労力が必要だった。

でもこれからは、自分らしくいるために、不必要なものは手放すことを恐れない生き方のほうが当たり前になっていく。それを肌で感じてる。


自分らしく生きる第一歩として、わたしは友達はいらないと思ってる。

ママ友いらない宣言のあとにもっと過激な発表をしているのはわかってるんだけど、だって友達付き合いって、行きたくない場所に付き合わなきゃいけなかったり、少なからず相手に合わせたりして無駄なことが多いんだもん。

それでも、こんなわたしにも友達はいる。

それは相手のことが本当に好きだったり、その人の話を聞いてみたいと思ったり、単純に自分がその人に会いたいと思う人だけ。

物理的利害がなにもない間柄で純粋にそう思える人には、素直に会いたいと言うし、連絡する。

でもだからと言ってそこにはなんの責任もないし、やってあげたのにやってくれなかったとかそんなふうに思ってしまう場合それはもうお互いにとってマイナスな関係だとしか思えなくなる。

そしてわたしにとってその相手が特別であっても、相手にとってわたしが特別じゃなくても別にいいと思ってる。

それと同じように、わたしも誰かからの特別視に責任を持たない。

わたしは意味なく大勢で集まる一見キラキラしたパーティがすごく苦手だけど、でも、断る勇気が持てず行くしかなかったり仕事だと思って行ってみたりして、意外にもそこから得るラッキーな副産物もたまにはあったから、こうと決めずその時々で自分に従って判断することにしてる。

もちろん行くと決めたときは主催者と主役に純粋なお祝いの気持ちを胸いっぱい抱えて参上するようにしている。

このコロナ時代には、毎回判断に頭を抱えるキラキラパーティも一切ないから、その面では心に平和が訪れているけれど（笑）。

風の時代になって表面的なことから本質的なことへと価値が移動するなかで、ラグジユアリーからエコ、使い捨てからリユーザブル、流行り物から一生物、デザインより理念と人々が求めるモノへの思考もずいぶんと変わった。

この地球はわたしたちが捨てたプラスチックで溢れ返り、そのプラスチックが色々な場所へと旅をして目には見えないナノプラスチックになって身の回りのあらゆるものからわたしたちへと返ってくる。

わたしたちは一週間でクレジットカード1枚分のプラスチックを知らぬ間に食べているらしい。この恐ろしい現実は、みんながもっと力を合わせて改善していかないと本当に手遅れなところまできていると思う。

日本は世界の中で環境問題に対してとても認識の低い国らしい。

だから未だにゴミの問題や気候変動のことを言うと批判されたりするけど、今この状況はわたしも含めみんなで積み重ねてきた現実だから、全ての人が他人事と思わずできることをしていかないと、本当に取り返しのつかないことになってしまうとわたしは思ってる。

わたしはずっとファッションモデルとして新作の衣装とアクセサリーを身につけ流行を発信する仕事をしてきたけど、今はいかにひとつのものを大切にするかや、同じ服を何度も大事に着ることの素敵さを感じてる。

遠い国の安い賃金で働く労働者や子どもたちからフェアじゃない搾取を続け、地球を思う存分汚しながら作られた服を買って着飾り、いつも違うスタイルを演出しながら自分だけよく見えていればいいという生き方はもう、終わらせたいと思ってる。

インターネットで世界中と繋がってる今、遠く離れた人たちにまで自分の生き方が影響することを感じられるから、綺麗事ではなく、世界中の人たちみんなが幸せになれるような選択を日々していって、優しくて温かい世界になることを心から期待してる。

愛するコッコ。この子はもともと野生の鶏で、うちの庭に毎日遊びにきて、いつの間にかすっかり仲良しになり、今ではすっかりうちの子に。それでもコッコは閉じ込めたりせず自由のままにさせているので、ご近所にも遊びに行くし、眠る場所は木の中だし、半分は野生のまま。ご近所さんもコッコをとてもかわいがってくれているから、彼女が自由に遊びに行っても歓迎してくれていて、みんなを幸せにしてくれます。

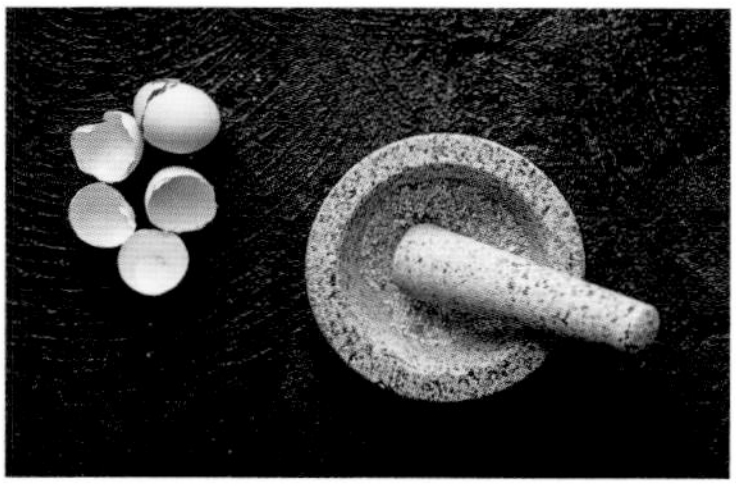

コッコがうちの庭に遊びにき始めたころはまだ若かったんだけど、少しずつ成長し、うちで毎日ごはんをもらい栄養状態も万全になり、たまごを産むようになりました。コッコの初めての産卵は、もう感動もの。娘が、ママ！　コッコがツリーハウスの２階にいるの！　と朝走って教えにきて、ツリーハウスの２階になんていたことがないから、なんかおかしいなーと思って見に行ったら、これはたまごを産みたいんだな、とわたしにはすぐわかった。だって、そのときのコッコの様子を見て自分の陣痛中を思い出したから（笑）。コッコを見守りながら、安心安全な空間になるよう時々ヘルプして、ついにたまごが産まれたときは本当に感動した。それからコッコはほとんど毎日たまごを産んでくれます。コッコが産むたまごは水色だったから、アロカナという種類だったこともわかりました。コッコのたまごの美味しさは、言うまでもありません♡

おわりに

この本を読んでくれた方はきっと、わたしのことを昔からずっと応援してくれている方だったり、もしかしたら最近わたしに興味を持ってくれた方だったり、同年代の方、年上、年下の方もいるかもしれません。

たくさんある本の中からこの一冊を選んで読んでくれた方たちと、この本を通して繋がることができてわたしは勝手に皆さんを身近に感じています。

この本を書いている最中、大きな出来事がいくつか起こりました。

ひとつは、コロナ禍が起きて取り巻く世界が一変したこと。

もうひとつは約30年間所属していた芸能事務所から独立したこと。

そして、第三子を妊娠したこと。

気持ち的なことで言うと、今まで一度も公に話したことがなかった自分の過去や生い立ちを初めてここで話すことができました。

わたしにとってそのことは、最も大きな変化だったかもしれません。

わたし自身が本当の意味でありのままの自分を受け入れられるようになったこと。

そして、これからのわたしの発信が表面的なものにならないように、このタイミングで改めてわたしという人間を伝えたかった。

自然とそう思うタイミングに自分の言葉で書くことができるこの場所があって、わたしはとても幸せです。


同じ未来を思い描く仲間たちと、より良い時代を築いていきたい。

この本は、わたしの新しい大きな第一歩を踏み出す証になりました。


たくさんネタになってくれたり、原稿ができる度いつも一番初めの読者になって真剣に感想を言ってくれたりした夫、そばで騒ぎ回って執筆を余計難しいものにしてくれた（笑）愛する子どもたち、数少ないわたしのお友達やお世話になっている方々、関わってくださる皆さん、この本を読むという形でわたしの新しい第一歩の背中を押してくれた読者さま、文字数も時間もなんの制限もせずにわたしを信じて自由に書かせてくれた編集の木田さんに、大きな感謝でいっぱいです。

これからの残された人生は、今起きてしまっている社会問題や環境問題から目を逸らさず、子どもたちの未来が希望で溢れるように、世界中が幸せに包まれるように、そんな日を夢見て自分のできることをしながら、愛を振りまいていられる人間でありたいです。

みんな、いつもありがとう！
ハワイの自宅より
大きな愛を♡

ひなの

吉川ひなの　よしかわ・ひなの

起業家　モデル　タレント。

デビュー当時から数々のファッション誌、映画、テレビ、ＣＭなど多方面で活躍。

日本での芸能活動を経て、２０１３年にハワイに移住。

そのナチュラルでオーガニックなライフスタイルが注目を集め、インスタグラムのフォロワーは２０２１年現在58万人を超える。

オーガニックコットンを使った子ども服ブランド「Love the Earth blue」主宰。

自身が代表を務める株式会社amaraのナチュラルコスメブランド「anelia natural」をはじめ、ウエディングドレスなど様々なプロデュース業でも幅広く活躍している。


本書で紹介している健康法や食品、商品について、効果・効能には個人差があります。

二〇二一年五月十三日　第一刷発行
二〇二一年五月二十日　第三刷発行

わたしが幸せになるまで
豊かな人生の見つけ方

著者　吉川ひなの
発行人　見城徹
編集人　福島広司
編集者　木田明理　真鍋文
発行所　株式会社 幻冬舎
〒一五一-〇〇五一
東京都渋谷区千駄ヶ谷四-九-七
電話　〇三（五四一一）六二一一（編集）
〇三（五四一一）六二二二（営業）
振替　〇〇一二〇-八-七六七六四三
印刷・製本所　図書印刷株式会社

ISBN978-4-344-03789-2　C0095
幻冬舎ホームページアドレス　https://www.gentosha.co.jp/
この本に関するご意見・ご感想をメールでお寄せいただく場合は、comment@gentosha.co.jpまで。